요한복음서 천천히 읽기

THE GOSPEL ACCORDING TO JOHN

요한복음서
천천히 읽기

박병규 지음

성서와함께

차례

— 시작하는 글_06

01 한처음에(1,1-5)_10

02 빛(1,6-18)_18

03 나는 그리스도가 아니다(1,19-28)_26

04 들음의 은총(1,35-51)_33

05 표징과 믿음(2,1-12)_40

06 성전 정화 사건(2,13-25)_48

07 예수님과 니코데모의 대화(2,23-3,21)_55

08 턱없는 경쟁(3,22-36)_62

09 예수님, 그분은 누구이신가?(4,1-42)_70

10 참된 예수, 참된 신앙(4,43-54)_77

11 갇힌 믿음에서 열린 믿음으로(5,1-18)_83

12 부전자전(5,19-30)_90

13 사랑하면 될 터인데⋯(5,31-47)_96

14 상상하라!(6,1-15)_103

15 보고 듣는다는 것(6,16-21)_110

16 지금의 여유(6,22-40)_117

17 신앙 대 신념(6,41-59)_126

18 _ 의심하는 믿음(6,60-71)_133

19 _ 눈뜬 맹인(7,1-52)_140

20 _ 사랑만이…(8,1-11)_148

21 _ 열린 의심(8,12-30)_155

22 _ 하나의 자유(8,31-59)_162

23 _ 앎의 폭력(9장)_168

24 _ 목자이신 예수님(10,1-21)_175

25 _ 떠남(10,22-39)_183

26 _ 믿음과 삶(11장)_191

27 _ To Be or Not To Be(12,1-36)_200

28 _ 무모한 이성(12,37-50)_210

29 _ 사랑과 배신(13,1-30)_219

30 _ 예수님의 고별사 I(13,31-14,31)_228

31 _ 예수님의 고별사 II(15,1-16,33)_237

32 _ 예수님의 기도(17,1-26)_246

33 _ 수난받는 하느님(18,1-38)_254

34 _ 사랑의 승리(18,39-19,42)_263

35 _ 발견(20,1-31)_271

36 _ 또다시 사랑(21,1-25)_279

시작하는 글

성경을 읽고 쓰는 게 유행이다. 성경을 읽는 이유가 신학적 지식의 습득과 신앙 증진에 있는 것만은 아니다. 우리는 성경을 읽으면서 지금의 생각과 가치관을 성경의 글자들 사이에 투사하곤 한다. 같은 성경을 읽어도 서로 다른 해석으로 갑론을박하는 주석학자들을 봐도 그렇고 성경 말씀으로 세상을 바꾸려 하는 이들의 결기 어린 논쟁을 봐도 그렇다. 성경은 하나인데, 그것의 읽기가 여러 가지인 건 당연하다. 우리가 서로 다르기 때문이다.

요한복음을 읽으면서 꽤나 지루했다. 지루한 만큼 글을 쓰는 건 더딘 작업이었다. 요한복음 각 장에 나오는 이야기는 다양하고 다채로우나 말하고자 하는 내용은 한결같았기 때문이다. '예수님을 하느님으로 받아들여라', '예수님이 참으로 부활이요 생명이시다' 정도로 요약될 말을 스물한 장에 걸쳐 나열해놓았으니 지루할 만도 하다. 요한복음의 저자는 이 지루한 이야기들의 얼개를 다음과 같이 짤막하게 요약한다. "이것들을 기록한 목적은 예수님이 메시아시며 하느님의 아드님이심을 여러분이 믿고, 또 그렇게 믿어서 그분의 이름으로 생명을 얻게 하려는 것이다"(20,31).

그런데 글을 마치고 서문을 쓰는 동안, 나는 다시 묻는다. 왜 요한복음 읽기가 지루했던가. 고백건대, 요한복음을 읽고 나서 내가 변화한 게 무엇인지 도무지 가늠하기 힘들다. 변화된 게 없기도 하거니와 변화해야 한다는 필요성마저 느끼지 못하고 있다. 성경을 수없이 읽어도 변하지 않는 나 자신의 완고한 태도, 그것이 성경 읽기가 지루했던 진짜 이유가 아닐까 스스로 되묻는다.

요한복음 읽기는 나와 우리에게 사고의 유연함과 개방성을 깨치는 배움터가 되어야 하지 않을까 한다. 요한복음이 전하는 예수님은 당시 유다 사회 구성원은 물론이거니와 오늘날 신앙인 각자의 삶 구석구석을 뒤틀고 헤집고 꺾어놓는 낯선 분임에 틀림없다. 사마리아 여인과의 대화에서도 그렇고(4장), 라자로를 살리는 이야기에서 마르타와 마리아의 경우도 그렇다(11장). 제 삶의 자리에서 수백 번 고백한 신앙의 가치가 실제 예수님 앞에서는 전혀 작동하지 않는다는 사실을 요한복음의 등장인물들은 우리에게 보여주며 경고하고 있다.

어찌 보면, 요한복음을 읽기 위해 우리는 먼저 자유로워야 한다. 제 신념과 사상에 갇혀, 새롭게 읽어야 할 내용을 기존의 인식 틀 안에 구겨 넣는 우리의 옹졸함이 이 세상에 오신 예수님을 가로막는다. 굳이 제 눈으로 확인해야만 직성이 풀리는 자의식의 과잉이 요한복음을 읽는 데 걸림돌이 될 것이다 (20,25).

요한복음에 대해 서툴게 써 내려간 이 글이 느리고 천천히 읽히기를 바란다. 이 글을 읽는 모든 이가 제 삶의 고유함과, 그로 인해 화석이 된 자의식을 다시 점검하면서 읽기를 바라는 마음에서다. 요한복음은 우리가 기존의 앎을 다시 점검하도록 초대한다. 그리고 그 앎이 서로 믿고 사랑하는 데 쓰이도록 요청한다. 진리를 얻어 만나는 데 필요한 건, 어둠마저도 껴

안고, 죄인마저도 그저 사랑하며, 사랑하고 또 사랑하는 일이니까 말이다.

"진리가 너희를 자유롭게 하리라"(요한 8,32).

01

한처음에 (1,1-5)

성경을 읽을 때마다 다짐하는 게 있다. '성경을 전문적으로 공부하지 않더라도 말씀의 깊은 단맛을 느끼는 이들이 많으니, 성경을 학문적으로 공부했다고 가르치려 들진 말자'고 늘 다짐하고 되새긴다. 성경을 공부하면서 흔히 저지르는 실수는 성경의 의미를 함부로 단정짓는 오만함에서 나온다. 성경의 임의적 해석을 경계하기 위해 성경을 제대로 전문적으로 공부하는 건 당연하나(2베드 1,20 참조), 공부하고 지식을 쌓는다고 성경 말씀의 올바른 해답을 독점할 수 있다는 생각은 위험하다.

성경이 쓰인 건, 신앙인들이 말씀을 읽고 읽어서 하느님을 만나게 하기 위해서다. 읽히기 위해서 되도록 쉽게 쓰려고 노력했던 성경 저자들의 섬세함과 진지함을 굳이 언급하지 않더라도, 성경은 '읽기 쉬운' 책이 분명하다. 성경 속에 스며든 천상의 진리는 일상의 사소한 사건과 이야기를 통해 너무나 쉽게 설명되기 때문이다. 오경에 숱하게 등장하는 하느님의 가르침은 일상을 살아간 이스라엘의 구체적 현실을 통해 계시되었고, 예언서에 빼곡히 자리잡은 심판과 위로의 말씀은 팍팍한 삶을 거칠게 살아가는 백성의 처지를 과감히 들추어내었다. 우리의 주님이신 예수님은 어떠한가. 그분이 전하신 하느님의 사랑은 사회 하층민의 삶, 그 면면을 살뜰히 파고든 당신의 인간적 체험을 기반으로 전해졌다. 성경은 참 쉬운 책이다. 우리 삶을 있는 그대로 보여주고, 보여준 만큼 꾸짖고, 꾸짖은 만큼 보듬는, 너무나 쉬운 책이다. 어쩌면 우리의 지식(에 대한 오만)이 이토록 쉬운 책을 너무나 어렵게 만들고 있는 건 아닌지 반성할 일이다.

성경은 '살아 있는 말씀'이다. 성경은 하느님 말씀이고, 창조의 힘을 갖고 있다. 현대 성경 주석학의 발전은 놀라우나, 그

발전의 그늘에는 말씀을 학문의 대상으로 격하하는 유혹과 위험이 상존한다. 성경 말씀 속 하느님의 신적 위엄과 그분의 주도적 역사役事를 이해하는 데에는 성경을 전문적으로 공부한 학자나 전문적 공부와는 얼마간의 거리가 있는 평범한 신자나 본질적 차이가 없다. 차이는 말씀과 그 말씀이 뿌리를 내리고 있는 인간 삶의 처지가 아니라, 말씀에 대한 사변적·관념적 해석의 맹신에서 기인한다. 그 해석은 대개 지식 쌓기의 노력 정도에 따라 평가되고, 말씀을 실천하는 삶의 현실에 대한 이해와 괴리된 채, 학자들(이라 자처하는 이들)의 상아탑을 쌓는 도구로 전락한다.

살아 있는 말씀은 지식 쌓기의 멍에에 짓눌려서는 안 된다. 주석학은 말씀에 봉사하는 도구일 뿐이다. 말씀이 선포되(어야 하)는 건, 생명을 위해서다(20,31 참조). 생명은 사변적 지식을 쌓는 데서 얻어지는 게 아니라, 살아 있는 말씀의 실천에 대한 하느님의 선물로 주어진다. 성경 주석학은 주로 과거의 이야기에 관심을 기울인다. 과거에 대한 해석을 기반으로 현재와 미래의 신앙적 방향성을 제시한다지만, 어찌되었건 성경 주석학은 과거의 이야기에 대한 해석을 주로 담당한다. 현재를 살아가는 이들이 성경 말씀에 대한 견해를 밝히고 그 견해를 바탕으로 제 신앙을 가꾸어가는 건, 성경을 살아 있는 말씀으로 거듭나게 한다. 이건 전적으로 신앙인의 실천적 노력으로 가능한 일이다. 성경이 2천 년 전 살아간 신앙인들의 실천적 삶의 고백이라면, 그 성경을 읽는 지금 신앙인들 역시 삶의 자리에서 어떤 신앙을 고백할 수 있는지 자문해야 한다. 가끔 도서관에 틀어박혀 성경을 연구하는 사람이 사회 문제와 시류에 빈약한 정보와 서툰 해석을 들먹이며 그 잘잘못을 논하는 모습을 본다. 그럴 때면, 살아 있는 말씀을, 요한복음의 표현을 빌리자면 세상에 '육화'한 말씀을 제대로 이해나 할까, 의구심이 든다. 말씀의 육화는 지금을 살아가는 신앙인들이 실천적이고 적극적으로 제 삶을 사랑하는 데서 주어지지, 책상 위 주석서들에 의존한 채 세상을 가르치려는 도도한 자세로 이해되지 않는다.

 우리가 읽을 요한복음서는 저 천상에 유폐된 모호한 말씀이 아니라 살내음 가득한 인간 세상 속 사랑의 언어로 쓰였다. 요한복음이 그 시작부터 '한처음'을 언급하는 건, 끝이나 마지막과 대비된 물리적 시간의 처음을 설명하고자 하는 게 아니라, 존재하는 모든 것의 본질적 가치를 다시 일깨우기 위함이다. 한처음 세상이 시작할 때(창세 1,1) '세상에 존재하는 모든 것은 하느님의 말씀으로 생겨났고, 말씀은 하느님과 함께였고, 말씀은 하느님이셨다'(요한 1,1). 유다 라삐들은 하느님을 말씀으로, 세상을 창조하신 분으로 줄곧 기억하고 되새긴다. 그리스도인들은 그 하느님이 이 세상 속에 온전히 함께하신 예수님이라고 고백한다. 예수님은 아버지 하느님의 뜻을 이 세상에 드러내셨고(4,34ㄱ; 5,30; 6,38-39), 아버지 하느님의 일을 이 세상에서 완성하셨다(4,34ㄴ; 5,36-37; 6,29; 9,4; 10,36-38; 15,21-24; 17,4). 예수님으로 인해 하느님은 이 세상에 완전히 계시되셨고, 예수님 덕택에 천상은 지상과 하나로 통합되었다.

    대개 '한처음'을 떠올리면 없는 것에서 있는 것으로의 전환, 새롭게 생겨난 것에 집중하기 마련이다. 그래서 '있는 것'의 관점에서 '없는 것'을 도외시하는 해석을 '한처음'에 갖다 붙인다. 하지만 '한처음'은 하느님 외에 어떤 것도 존재하지 않았던 시간이다. 아무것도 존재하지 않았고, 없는 것이 뭔지도 모르는, 그리하여 오직 하느님만이 계셨던 시간이 '한처음'이다. 말하자면, 하느님'께로' 향하기만 하면 되었을 시간이다.

하느님만이 존재하고, 모든 것이 아직 생겨나지 않은 시간, 그 시간의 '없음'은 절대적 공허함을 가리키는 게 아니다. 없음은 모든 있음을 향한 가능성의 시간이다. 가능성의 시간, 여기에 요한복음 읽기는 집중되어야 한다. 하느님만이 계신 그 시간이 모든 것에로 열려 있는 가능성의 시간과 만난다. '한처음'에 '말씀'은 살아 움직였고, 말씀은 없음의 자리에 현실적이고 구체적이며 가시적인 작품들을 채워놓았다. 그 작품들이 시대와 시대를 거쳐 또 다른 시간에 이어지는 한, 하느님의 '한처음'은 보이지 않는 시간이 아니라 작품들의 다양한 모습 속에 살아 숨쉬고 완성된다(20,29).

지혜문학, 예컨대 잠언과 집회서는 한처음의 말씀과 이 세상의 만남을 인격화된 '하느님의 지혜'로 묘사한다(잠언 8,12-31; 집회 24,2-29). 하느님의 지혜가 인간의 살을 취해 이 땅에 내려오신 것이 요한복음의 예수님이시다. 4세기 초 예로니모 성인은 에제키엘서 1장에 나타나는 네 생물 중 하나인 독수리를 요한복음의 상징으로 여겼다. 독수리가 저 하늘에서 먹이를 찾아 내려오듯 예수님은 저 천상에서 지상의 구체적 현실 속으로, 인간의 살을 취하여 오셨다. 하느님이시면서 인간과 하나 되신 예수님, 그분을 통해 살아 있는 말씀이신 하느님의 지혜는 저 높은 곳의 신비가 아니라, 이 낮은 곳의 사랑이 되셨다. 1,1의 말씀을 다시 곱씹어보자. "한처음에 말씀이 계셨다. 말씀은 하느님과 함께 계셨는데 말씀은 하느님이셨다." 말씀은 하느님과 '함께' 계셨다. 그리고 말씀은 하느님 자체였다. 바로 그 자신이면서 '함께' 존재할 수 있다는 점이 신비롭다. 천상과 지상이 함께 있음으로 예수님은 자신의 존재 가치를 드러내셨다. 이것이 세상을 너무나 사랑하신 하느님의 존재 방식이다(3,14).

사실 '한처음'부터 세상은 조화롭게 하나로 엮여 있었다. 세상이 만들어졌을 때, 모든 것이 가능성으로 설렐 때는 어떤 것도 소외되거나 예외가 되지 않고, 어떤 것도 함께하지 못하거나 갈라질 이유가 없었다. 그저 있는 모습 그대로, "제 종류대로"(창세 1,21) 존재하며 서로를 하나로 엮어내는 데 몰두했다. 1세기 말엽 요한복음서가 쓰일 때, 세상은 대상을 두 편으로 나눠 생각하는 데 익숙했고, 하느님마저 '착한 신', '나쁜 신'으로 갈라놓으려 했다. 이른바, 영지주의가 그랬고, 묵시주의가 그랬으며, 그리스 철학이 그랬다. 이원론에 근거한 차별과 단절, 그리고 소외의 현상이 요한복음이 쓰인 시대에 횡행했다. '한처음'의 시간을 망각한 채 하느님의 조화를 깨뜨린 그 시대에 요한복음은 다시 '한처음'을 끄집어내면서 예수님의 이야기를 시작한다. 예나 지금이나 세상에는 갈라지는 데 익숙해진 이가 많다. 자신의 진정성과 지식을 절대적 진리로 착각한 채, 함께 살아가는 조화와 연대의 가치를 망각한 이들, 그들에게 다시 묻는다. '한처음'으로 돌아갈 마음은 없는지.

02

빛(1,6-18)

아침이 밝을 때 새로운 하루에 설레는 사람이 있는가 하면, 삶의 무게로 그 아침마저 밤이었으면 하는 사람도 있다. 물리적 시간이 흘러도 감정적 시간은 흐름을 멈춘 듯, 때로는 정신을 잃은 듯 어지러이 흘러가기도 한다. 한 스님이 말하기를 '모든 것은 생각하기 나름'이라 했다. 내 마음 안에 평화가 있으면 세상이 평화로워 보이고, 그렇지 못하면 세상은 악귀들의 천국이 될 수도 있다는 논리다.

그러나 제 마음을 다스린다고 평화나 행복이 거저 주어지지 않는다는 건, 누구나 알고 있지 않은가. 알지만 피하고 싶어 종교인, 무속인, 심리 상담가를 찾는 게 아닌가. 마음의 평화를 얻고자 해도, 옆이 시끄러우면 모든 게 산산조각 난다. 내 마음의 평화를 위해 성당을 찾지만, 사실 성당이 평화로운 곳이라고 여기는 신자는 드물다. 성당에 가서 마음이 평안해지기보다 이러저러한 일들로 생채기가 날 때가 많지 않은가. 다양한 사람들이 섞여 살아가는 곳은 어디든 간에 얼마간의 불편과 낯섦이 동반하기 마련이다.

우리는 빛을 좋아한다. 그럼에도 빛이 세상에 왔다는 사실이 모든 이에게 긍정적 신호일 수는 없다. 대개 빛에 대한 이해는 어둠과 대립하여 형성된다. 그러나 요한복음은 빛이냐 어둠이냐를 묻지 않으며, 어둠을 쫓기 위해 빛을 언급하지 않는다. 태초에 하느님이 빛을 창조하신 건(창세 1,3-4) 어둠을 몰아내기 위해서가 아니라 어둠과 조화를 이루기 위해서다. 불편과 낯섦을 싫어하고 평안함과 행복을 추구하는 이유로 빛을 찾는 이분법적 태도는 요한복음을 읽기에 그리 적합하지 않다. 요한복음을 읽는 이유를 미리 밝히자면, 불편과 낯섦 속에서도 서로 사랑하고 보듬을 수 있는 영적 내공을 쌓기 위해서다. 요한복음의 빛은 어둠 속에서 빛나지, 어둠을 몰아내고 홀로 찬란하지 않다.

우리는 종종 착각한다. 내 선택으로 나 자신이 바뀔 수 있다고 말이다. 그러나 실은 내가 '되고 싶은 것'에 종속될 때가 많다. 객관적이고 합리적인 선택이 나를 바꿀 것 같지만, 실은 과거부터 차곡히 쌓아둔 제 탐욕을 무수히 반복적으로 드러낼 때가 허다하다. 사람은 혼자 힘으로 쉽게 바뀌지 않는다. 빛은 영원한 타자로 존재하기 위해 이 세상에 온 것이 아니다. 빛은 우리가 '되어가는 무엇'의 낯선 지표와 같다. 12,36에 "빛의 자녀"라는 말이 나온다. 빛이 이 세상에 온 이유는 빛의 자녀를 초대하기 위함이고, 세상이 빛의 자녀가 '되어야 하는' 이유를 되새기도록 이끌기 위해서다. 빛은 욕망의 상대적 가치가 아니라 본디 인간이 회복해야 할 태초의 고유함으로 우리를 초대한다. 빛이 이 세상에 오셨다는 것은 선택의 문제가 아니라 빛과 더불어 '내가 누구인가' 하는 문제를 되새기게 한다. "이들은 혈통이나 육욕이나 남자의 욕망에서 난 것이 아니라 하느님에게서 난 사람들이다"(1,13). 태초에 인간은 하느님으로부터 창조되었음을 복기하는 게 빛에 대한 사유의 시작이어야 한다.

    하느님에게서 난다는 것이 무엇일까. 구체적인 답을 찾기는 힘들다. 하지만 분명한 건, 하느님에게서 난 존재는 사람의 욕망과 결을 달리하는 다른 존재가 되어간다는 것이다. 내가 누구인지 묻는 것은 나의 인간적 욕망이 무엇인지 묻는 것에서 시작한다. 나의 욕망을 안다면, 그것에 억눌려 늘 배고파하고 아쉬워하며 욕망의 실현을 위해 또다시 배고파하고 아쉬워하는, 종살이의 무한 반복을 멈출 새로운 길 역시 알게 될 터이다. 그 길의 시작이 하느님에게서 태어나는 동시에 '빛의 자녀'가 되어가는 여정의 출발점이 된다.

    '나는 무엇이 될까? 나는 어떻게 살아갈까?'라는 질문은 혼자만의 일로 치부될 수 없다. 신자들은 대개 믿는다는 것과 혼자만의 노력을 환치換置하려 한다. 빛이 오셨다는 사실과 그 빛을 받아들여 어둠을 없애려는 노력은 서로간의 사회적 관계성을 전제한다. 빛은 세상을 밝히러 왔다. '빛의 자녀'를 잉태하러 왔다. 빛의 성격은 '다른 존재'에게서 완성되고 추구되며, 빛의 자녀가 되려는 노력은 빛에 대한 갈망과 타자에 대한 열린 자세에서 가능하다.

빛이 알려지는 방법 역시 사회적이다. 세례자 요한의 '증언'을 통해 빛은 선포되고 드러난다. 빛으로 이 세상에 오신 예수님 역시 '증거하는 자'로 스스로 규정하시고, 또 다른 증거자 성령을 이 세상에 보내주신다(3,17; 14,26). 주고받는 이들의 증언 속에서 빛은 제 가치를 발산한다. 증언된 것은 증언한 자와 그 증언을 듣는 자 사이에 일종의 '신뢰'를 전제한다. 아무리 콩으로 메주를 쑨다 해도 믿지 않으면 그만이다. 팥으로 메주 쑨다는 말을 더 신뢰하는 사람은 콩이 메주가 된다는 사실에 둔감해진다. 요컨대, 진리는 서로에게 다가서는 열린 자세에서 더욱 뚜렷해진다.

빛은 예수님이다. 우리는 예수님을 좇기만 하면 자아를 완성하는 듯, '예수님 사랑, 예수님 믿음, 예수님 전부'라며 자기 인생을 마치 예수님의 부속품 정도로 폄하한다. 하느님께서 인간이 되셨다는 초자연적 현상에 집중한 나머지 하느님과 인간이 함께 머물게 되었다는 사실을 외면하기 일쑤다. 누가 대단한 무엇이 된 사실만 강조하다 보면 대개 비교하는 버릇이 생긴다. 이렇게 비교하면서 스스로를 책망하는 못난 구석이 우리에게 적지 않다. '어떻게 저렇게 되었을까? 나도 가능할까?' 등의 질문은 결국 '나도 저렇게 되고 싶다'라든가, '저렇게 되지 못하는 난 이제껏 뭣 때문에 살았나' 하는 욕망의 찌꺼기를 긁어모은다. 그러나 그 대단한 누군가가 지금 나와 함께 있다는 사실을 깨달으면, 스스로 조심스러워진다. '내가 함께하는 그 사람을 위해 무엇을 해야 하나' 하는 생각이 짙게 깔린다. 여기, 곧 너와 내가 만들어내는 공동의 자리에 신뢰와 사랑이 쌓여간다.

빛이신 예수님은 지금의 우리의 신뢰와 사랑 안에 함께 머무신다. '머물다'는 그리스어로 '스케노오(σκηνόω)'다. 이 말은 하느님의 '현존'을 가리키는 히브리어 '세키나(שכינה)'와 발음이 비슷하다. 예수님이 사람이 되어(살이 되어) 우리 가운데 머무르시는 것은 전지전능하고 존엄하신 하느님께서 우리와 '함께' 머무르시는 것이다. 인간은 그 자체로 한계를 지닌 존재다. 그 한계를 극복하기 위해 인생을 꾸려나가는 게 아니라, 그것을 깨닫고 겸허히 다른 존재와 더불어 살도록 불린 존재가 인간이다. 요한복음 역시 '살'로 표상되는 인간적 한계성을 죽음과 더불어 인간 본연의 자리로 인식하고(3,6; 8,15; 17,2), 그 자리에 예수님이 함께하신다는 사실을 강조한다(1,14; 3,16-17). 모세는 하느님과 얼굴을 마주 대할 정도로 가까웠지만, 하느님을 직접 뵙지 못하였다(탈출 33,11.23). 그러나 예수님을 믿고 그분과 함께하려는 이들에게는 예수님이 직접 조금씩 하느님을 알려주고 가르쳐주신다. (요한 1,18에 '알려주셨다'고 번역된 그리스어는 '엑세게오마이 ἐξηγέομαι'로, '자세히 설명하다'라는 뜻을 지녔다. '주석하다'라고 옮길 수도 있다. 말하자면 예수님은 하느님을 있는 그대로, 자세히 주석해주신다.) 하느님 '품' 안에 계신 분으로(그리스어로 친밀한 내적 관계성을 가리킬 때 관습적으로 사용된 표현인 '에이미 에이스 톤 콜폰 εἰμί εἰς τόν κόλπον'을 직역하자면, '가슴 안에 계신' 정도다) 하느님과 가장 가까이 계신 외아들 예수님이 우리를 조금씩 조금씩 하느님께 인도하신다.

남은 건, 우리 곁에 바짝 다가앉으신 예수님과 어떻게 교감하고 공감할 것인가, 되묻는 일이다. 1세기 말엽에 쓰인 요한 복음의 시대에는 예수님도 계시지 않았고, 그분을 직접 뵙고 동고동락한 제자들도 없었다. 물론 예수님의 부재는 지금 우리에게도 마찬가지다. 요한복음은 인간의 살덩이를 취한 예수님의 부재를 살아가는 신앙인들이 빛의 자녀로 예수님을 느끼고 체험하고 닮아가길 원한다. 신앙인은 2천 년 전 이 세상에 오신 예수님을 찾는 이들이 아니다. 우리의 몸짓, 말투, 사상 안에 하느님이며 참인간이신 예수님이 여전히 숨 쉬고 살아가고 있음을 고백하는 사람들이다. 우리 삶이 어떻든, 때로는 힘들고 슬프더라도, 우리의 지금이 예수님이 살고 싶으신 생명의 자리다. 예수님과 교감하고 공감하는 일은 지금을 부정하고 내일을 설계하는 데서 가능하지 않다. '더 나은 내일'에 저당 잡힌 정서적 감옥에서 벗어나 지금을 사랑하고 지금에 투신하는, 그리하여 평범하지만 대범하게 '오늘도 그만하면 잘 산 거야!'라고 스스로 토닥일 줄 아는 데서 예수님은 빛으로서 우리와 함께 계신다.

03

나는 그리스도가 아니다 (1,19-28)

학교에서 일하다 보면 씁쓸할 때가 제법 많다. 점수가 좋고 학업에 대한 열정이 높은 학생일수록 형편이 나은 가정에서 자랐다는 사실을 접할 때다. 성적 문제만은 아니다. 학생회 활동이나 봉사 활동, 심지어 학우들끼리 따뜻한 우정을 쌓는 일에도 형편이 나은 집안 아이들이 뛰어난 경향이 있다. 돈과 성적, 그리고 인성의 상관관계가 갈수록 분명해짐을 가슴 아프게 목도한다. 개천에서 용 나는 시대는 지났다고들 한다. 강남에서 용 나고 부촌富村에서 용 나며, 개천에는 미꾸라지들이 있을 뿐이라고 한탄하는 시대다. 많은 사람이 공부 잘하고 성공해서 돈 많이 벌기를 원한다. 이런 시대에 '당신은 누구요?'라고 묻는 말에, 그 잘난 성공과 존경의 모델(그리스도, 엘리야, 예언자)을 마다하고, 그저 '아니오'로 자신을 낮추는 요한의 외마디를 어떻게 설명할지 난감하다.

사제들과 레위인들이 와서 세례자 요한에게 묻는다. "당신은 누구요?"(1,19) 누구냐는 질문에 맞는 답은 "나는 누구다" 정도일 텐데, 요한의 답은 모두 "아니다"로 끝난다. 이것도 저것도 아니라고 해서, 세례자 요한을 아무것도 아닌 존재로 인식해선 안 되며, 그를 외면할 일도 아니다. 무엇이 아닌지 따져보아야 한다. 이야기를 찬찬히 살펴보자.

세례자 요한이 누군지 제일 먼저 와서 물은 사제들과 레위인들은 요한의 '아니요'라는 대답에 어느 정도 안심이 되었을 테다. 왜냐하면 그들은 권력 중심부에 가까웠기 때문이다. 성전을 중심으로 펼쳐진 유다 사회의 권력 체제는 그 이면에 메시아를 기다리는 신앙을 담보하고 있었다. 문제는 신앙의 희망과 현실 권력의 괴리였다. 메시아가 오면 성전은 끝이 난다. 성전을 중심으로 한 권력 체제가 무너져버리는 것이다. 메시아를 기다리되 메시아가 오면 끝이 나는 기이한 권력의 중심에 사제들과 레위인들이 있었다.

세례자 요한이 그리스도 곧 메시아가 아니고, 메시아 시대를 알리려 재림한다던 엘리야도 아니며(말라 3,23 참조), 모세와 같은 예언자도 아니라는 사실에(신명 18,15 참조) 그들은 제 이해관계와 얼마간의 권력을 지켜낼 수 있으리라 안도했을 것이다. 세례자 요한은 '아니요'를 통해 제도권 종교가 만들어온 그 기이한 권력의 속성에서 벗어난다. 이를테면 신앙의 가치가 세상의 권력에 이용당하는 데 '아니요'라고 분명히 선을 그은 셈이다. 세례자 요한은 제도권 종교의 한계에 갇힐 그리스도를 증언하러 온 이가 아니었다.

바리사이들도 세례자 요한을 찾아온다. 율법의 수호자요 실천자임을 자처한 그들은 요한의 세례를 문제 삼는다. 당시 유다 사회에서 세례는 메시아를 기다리는 방법이자 필수 조건이었다. 세례자 요한의 역할은 세상이 그리스도를 맞이할 수 있도록 사람들을 회개로 이끄는 데 있었다. 세례자 요한이 바라는 세상은 '어제'의 세상이 아니라 그리스도를 중심으로 새롭게 변화된 세상이었다. 그러나 바리사이들은 기존의 세상이 믿고 규정한 '자격'을 문제 삼는다. 이도 저도 아닌 사람이 세례를 왜 베푸냐며 따지고 "세례를 베풀려면 이런 사람이어야지" 하고 다그친다.

'아니요'로 자신을 규정한 세례자 요한은 바리사이들의 세상, 율법으로 세상을 바라보고 율법을 통해서만 정당성을 확보하려는 바리사이들의 세상에서 인정받지 못한다. '아무도 모르는' 그리스도를 증언하는 세례자 요한은, 세상의 법칙과 논리에 젖은 이들에게는 '아니요' 그 이상도 그 이하도 될 수가 없다.

사실 요한복음서는 유다인과 그들의 세상에 대해 강한 반감을 드러낸다. 덧붙여 유다인들이 진정한 이스라엘 백성, 곧 참된 하느님의 백성이 아니라고 단정한다. 사람이 되어 오신 예수님을 메시아로 받아들이지 않았기 때문이다. 메시아를 기다린다는 희망을 가지고 있으면서도 저희끼리의 전통과 제도, 권력 체제에 묶여 희망을 절망의 답답함으로 바꾸어버린 사람들이 유다인이라고, 요한복음서 저자는 생각했다. 그럼에도 반감을 적대적 대립으로 끝내지 않는 게 요한복음이기도 하다. 요한복음은 예수님에 대해 유독 완고하고 편협한 유다 사회에 끝없이 예수님을 증거하며, 그 모습을 시작부터 세례자 요한을 통해 억척스럽게 드러낸다. 말하자면 이렇다. 공관복음에서 요한을 세례자로 다루면서 예수의 세례 장면까지 묘사하는 반면, 요한복음은 생략한다. 세례 장면은 생략되었으나, 요한복음은 세례자 요한을 통해 예수님을 향하는 시선을 그려나간다. 요한은 증인으로서, 예수님을 증언하는 것으로 제 정체성을 만들어낸다(1,7.15.19). 심지어 공관복음에서 들린 하늘의 목소리, '이는 내 아들'이라는 목소리마저 요한복음은 세례자 요한의 증언으로 대체한다(1,34). 요한의 정체성은 메시아를 기다리는, 메시아를 향하는 이사야의 한 대목으로 요약정리된다. "'너희는 주님의 길을 곧게 내어라' 하고 광야에서 외치는 이의 소리다"(이사 40,3; 요한 1,23). 오리게네스 역시 세례자 요한을 두고 이렇게 말했다. "바로 그 하나의 목소리가 말씀을 지금, 이 자리에 모셔왔다." 세례자 요한은 메시아와 제 밥그릇의 등가적 관계 속에서만 살아갔던 유다 사회에 모종의 도전장을 던지고 있는 셈이다. 예수님을 소개하면서 기존 사회·종교·정치 체제에 대해 다시 질문을 던지고 있는 것이다.

  요한복음서가 쓰인 시대는 이미 성전 시대가 끝난 때였고,

성전을 중심으로 한 권력 체제가 무너진 뒤였다(95년 이후). 성전의 자리에 율법과 그 율법을 가르치는 라삐들이 들어서면서 유다 사회는 새롭게 재편되고 있었다. 참된 이스라엘 백성으로 거듭나야 하는 시대의 요청에 유다 사회는 술렁였다. 요한복음서는 바로 이러한 시대의 흐름에서 과거 권력의 상징인 사제들과 레위인들, 당시 새로운 권력인 바리사이들까지 모두 언급하고 유다 사회 전체를 조망하면서 세례자 요한의 '아니요'라는 대답으로 대립각을 세운다. 이 세상은 '아니요'였고, 지금 이대로는 안 된다는 절박함이 '아니요'였다. 바로 여기에 세례자 요한의 존재 이유가 있다.

새로운 존재를 찾아 나서려면 지금의 가치와 전통과 사상과 권력을 기반으로 한 일련의 '익숙함'에서 벗어날 용기가 필요하다. 용기는 새로운 무엇을 만들고 추구하는 데 쓰일 것이 아니라 기존 것을 내려놓는 '비워냄'에 부응해야 한다. 예수님을 증언하는 일은 인류 역사의 일이지만, 동시에 인류 역사를 뛰어넘는 일이어야 한다. 세상에서 살되 세상을 거스르는 일이어야 한다. 세상과 대화하되 세상에 '아니요'를 외치는 일이어야 한다. 세상의 '익숙함'에 퇴행적으로 머물러 그 허망한 쳇바

퀴에 매몰되어 살지 말고, 한 걸음이라도 더 가까이 예수님께 나아가기 위해 세상을 멀리서 바라보는 여유를 가져야 한다. 요한복음의 끝자락, 예수님이 잡히실 때, 예수님은 두 번이나 '에고 에이미(ἐγώ εἰμι)', 곧 '나는 …이다'라는 신적 현현의 도식적 표현을 통해 자신이 진정 메시아요, 하느님이심을 명확히 드러내셨다(18,5.8). 요한복음에서 '나는 …이다'의 형식은 예수님의 정체성을 드러내는 데 자주 사용되었다. 예컨대, "내가 생명의 빵이다"(6,35), "나는 세상의 빛이다"(8,12), "나는 문이다"(10,9), "나는 착한 목자다"(10,11.14), "나는 부활이다"(11,25), "나는 길이요, 진리요, 생명이다"(14,6) 등이 그렇다. 세상은 하느님이신 예수님을 죽였고, 여전히 제 밥그릇을 차지하려는 이들의 기만적 행태 속에 신음하고 있다. 그 행태에 정직하게 저항하며 '아니요'를 외칠 텐가, 아니면 현실이 어떻든 애써 외면하며 도인처럼 갖춰 입은 채 예수님을 여전히 팔아먹을 텐가. 우리에게 세례자 요한처럼 스스로 '아니요'를 외치며 팍팍한 현실에서 참된 메시아를 증언할 용기는 있는 걸까, 아니, 예수님이 누구신지 제대로 알고 싶어 하기는 하나.

04

들음의 은총(1,35-51)

듣는 건 아무나 하는 일이 아니다. 들을 귀는 참으로 귀하다. 소리가 아니라 본디 의미를 깨닫기 위해 서로의 말과 논리에 귀를 기울이는 것, 그게 듣는 것이다. 한국 사회를 보면 '듣기'에 참 인색한 경우가 허다하다. 그래서 배설물을 쏟아내듯 허망한 소리만 가득한 사회라는 생각에 절망할 때가 많다. '진보다, 보수다' 외쳐대며 서로에게 삿대질하는 모습이 여간 불편한 게 아니다. 진보가 무엇인지, 빨갱이가 도대체 무엇인지 따져 물으면 '묻지 마식 비난만 쏟아내는 무늬만 보수인 사람들,

바꾸어야 할 것이 무엇인지 도대체 왜 바꾸어야 하는지 설득력 있는 대화를 포기한 채 그저 자신들의 진정성만 진리라 외치는 파시즘적 진보 인사들. 그들에게 있어 듣는 일은 요원할 테고 그들로 인해 한국 사회는 피곤하다.

요한복음서는 '제자 됨'의 기본을 알려준다. 세례자 요한이 예수님을 가리켜 '하느님의 어린양'이라 외치자 제자 둘이 그 소리를 듣는다. 들음은 깨달음을 찾아 나서는 행동으로 이어지고, 예수님과의 만남으로 완성된다. 만남은 객관적 두 실체의 공존만이 아니라 주관적 신앙의 고백으로 재탄생한다. 예컨대 안드레아가 예수님을 '메시아'라 고백하고, 필립보가 모세의 율법과 예언서가 기록한 분으로 예수님을 인식하며, 나타나엘은 '하느님의 아들', '이스라엘의 임금님'으로 예수님을 받아들인다. 예수님에 대한 제자들의 신앙 고백은 객관적 정보의 수용이 아니라, 예수님을 자신들의 역사와 전통 안으로 이끌고 들어간 결과다. '하느님의 어린양'은 하늘에서 뚝 떨어진 날것이 아니다. 메시아, 율법과 예언서가 기록한 분, 하느님의 아들, 이스라엘의 임금님 또한 그러하다(시편 2편 참조). 예수님을 만나 그에 대해 여러 가지 호칭을 가져다 고백하는 건 과거와 현재 전통과 지금 여기의 새로움이 서로 만나 숙성된 융합적 창조물이다.

요한복음의 제자들은 예전의 고정된 사고에 매몰되지 않았다. 그들은 메시아를 기다리는 데 그치지 않고 메시아를 꿰뚫어 볼 줄 아는 열린 사고를 가졌다. 열림은 서로에 대한 끌림으로 연장되고, 끌림은 함께함으로써 서로 이해의 지평을 넓혀간다. 스승 예수님께 다가간 제자의 첫 일성―聲은 이러했다. "라삐, 어디에 묵고 계십니까?"(1,38) 예수님은 훗날 이렇게 말씀하신다. "내 안에 머물러라. 나도 너희 안에 머무르겠다. 가지가 포도나무에 붙어 있지 않으면 스스로 열매를 맺을 수 없는 것처럼, 너희도 내 안에 머무르지 않으면 열매를 맺지 못한다"(15,4).

예수님을 만나는 데는 특별한 재능도 능력도 자격도 필요하지 않다. 다만 현실이 전부가 아니라는 '정신적 배고픔'이 필요하다. 나타나엘의 모습은 이를 적확하게 보여준다. "나자렛에서 무슨 좋은 것이 나올 수 있겠소?"(1,46) 기존 사회와 전통 안에서 '이만하면 되었다'거나 '현실이 그러니까'라는 배부른 혹은 수동적 사고방식은 새로운 이해와 해석을 감시하고 탄압하며 금지한다. '왜'라는 의심이 허용되지 않는 사회는 변화의 자유에 둔감하다. 그리하여 하나의 방식과 강력한 주류의 힘에 어떤 견제나 면역력 없이 '현실 탓'을 하며 그 '현실'만큼만 사는 걸 삶이라 강변한다. 그러나 예수님을 만나려면 그 '현실'에 질문을 던지고 저항할 수 있어야 한다. 예수님을 이해하는 데도 마찬가지다. 예수님을 '하느님의 아드님', '이스라엘의 임금님'으로 고백한 나타나엘은 나자렛을 '의미 없음'으로 여기게 만든 기존 가치 체제의 울타리를 뛰어넘었기에 예수님을 메시아로 고백할 수 있었다. 예수님을 메시아로 받아들이지 않는 이들에게는 지극히 비현실적인 신앙 고백이지만, 그 비현실이 나타나엘에게는 현실이 된다. 이것이 바로 신앙이고 제자 됨의 기본이다. 예수님은 그런 나타나엘을 두고 "보라, 저 사람이야말로 참으로 이스라엘 사람이다. 저 사람은 거짓이 없다"(1,47)라고 말씀하시고, "하늘이 열리고 하느님의 천사들이 사람의 아들 위에서 오르내리는 것을 보게 될 것이다"(1,51)라고 단언하신다. 예수님의 이 말씀은 나타나엘을 구약의 성조 야곱(창세 25,29-34; 27,1-45)과 연결시킨다. 에사우에게서 장자권을 얻고 아버지의 축복마저 가로챈 야곱이 참된 이스라엘로 거듭날 수 있었던 건, 전적으로 하느님께서 야곱을 찾아오셨기 때문이다(창세 28,12). 나타나엘은 하느님이 이 땅 위에 당신 백성을 만나러 오신 자리가 되었다. 그는 하느님의 오심을 기꺼이 받아들인다.

요한복음의 제자 부름은 특이하다. 공관복음서 어디에도 등장하지 않는 나타나엘을 통해 제자의 본모습을 그려나가고, 제자 중의 제자로 여겨진 베드로를 수동적 인물로 묘사한다(1,41-42). 현실과의 줄다리기에서 비현실적 희망을 현실 안으로 끌고 들어오는 일은, 특정 인물의 영웅담이나 멘토들의 모범을 통해서가 아니라, 현실에 정직하게 부딪히며 살아가는 서민의 정신적 배고픔이 만들어내는 창조 행위여야 한다. 예수님은 제자들에게 '또 다른 큰일'을 예고하신다. '사람의 아들이 하늘과 땅을 오르내리는 것을 보게 된다는 것이다. 요한복음서에서 열 번 정도 예수님을 '사람의 아들'이라고 부르는데, 이 표현은 유다 전통에서 종말론적 인물을 가리킬 때 사용되었다(다니 7,13; 10,16 참조). 유다 전통에서 사람의 아들은 힘이 있어야 했고, 세상이 우러러보는 영광 가득한 인물이어야 했다. 그래서 그 누구도 대적하거나 저항할 수 없는 독보적 존재였다.

유다인은 그러한 사람의 아들에 집착했고, 그것으로 현실의 고단함을 잊으려 했다. 그러나 예수님은 그 전통을 새로운 시대를 위해 재구성하신다. 십자가를 통해서다(3,14; 8,28; 12,23.34; 13,31 참조). 예수님이 예고하시는 또 다른 큰일은 바로 '십자가의 죽음'이다. 요한복음서는 이 죽음을 '영광'이라 부른다. 세상은 죽음을 피한다. 아니, 두려워한다. 그래서 영광 속에 찬란히 빛나는 '사람의 아들'을 기다린다. 그러나 요한복음은 팍팍한 현실에 정직하게 부딪히고 그 속에서 새로운 희망과 생명을 만들어가시는 예수님을 사람의 아들로 고백한다. 요한복음은 죽음을 직시하고 죽음 안에서 영광을 찾는다.

죽을 때까지 스스로를 극복하고, 체제를 극복하고, 기존 가치 질서를 극복해야 하는 지난한 과정이 그리스도를 따르는 제자의 일이다. 세상은 변화를 싫어하지만 변화하며 흘러왔고 변화 속에 흘러간다. 변화의 몸부림은 꽤나 아픈 상처를 수반하기 마련이다. 상처가 크면 클수록 새로운 시대를 향한 변이 또한 크다. 상처를 기꺼이 받아낼 수 있는 내적 근육을 단련해야 한다. 현실에 대해 묻고 답하는 일에 게으르지 않아야 한다. '지금 내 옆에 무슨 일이 벌어지고 있는가'라는 물음을 던지며 그 물음에 대한 수많은 소리에 민감하게 반응하는 데서, 예수님은 육화하시고 부르시고 가르치신다.

05

표징과 믿음 (2,1-12)

카나의 혼인 잔치 이야기는 예수님의 첫 번째 '기적' 이야기라고들 알고 있다. 물을 포도주로 바꾸는 '사건'은 대개의 사람들에게는 낯설고 낯설기에 그것을 기적이라 하는 데 주저함이 없다. 더불어 예수님이 하느님이시니 당연한 게 아닐까, 하는 무덤덤한 맹신 역시 모순적이지만 놀라운 '기적'이라는 단어와 뒤섞여 있다. 하지만 요한복음은 '기적'이라는 단어를 애써 피한다. 카나의 혼인 잔치에서 벌어지는 사건이 요한복음 저자에게는 하나의 '표징'이었고, 그 표징은 믿음을 불러오는 데 소용되어야 했다(2,11). '기적'의 신비감에 매몰된 채 요한복음을 읽어서는 안 된다는 말이다. 요한복음을 읽는 데는 사건 너머를 볼 수 있는 열린 눈이 필요하며, 그 열린 눈이 이른바 '믿음'이라는 것이다.

믿음이 뭘까? 이 질문의 답을 예수님을 향한 한 개인의 열정 또는 사랑으로 이해한다면, 믿음은 자기 욕망을 예수님을 통해 간접적으로 드러내는 방식일 뿐이다. 누군가 "예수님, 사랑합니다"라고 말할 때, 그가 말하는 사랑의 개념을 솔직히 물어보면, 자신의 삶이 무너지고 내팽개쳐져서 한없이 아픈, 곧 십자가의 삶을 사랑이라고 받아들이는 데 익숙지 않은 경우가 많다. 한평생 얼마간의 평온함과 사회적 안정을 유지하며 무탈하게 살아가기 위해 예수님이 여전히 홀로 십자가를 지셔야 한다는 암묵적 동의가 '예수님, 사랑합니다'에 섞여 있는 게 아닐까. 우리는 '믿음'에 대해 정직한 고민을 시작해야 한다.

카나의 혼인 잔치는 믿음의 본질을 드러내는 첫 번째 이야기다. 요한복음은 믿음을 이야기하기 위해 11장까지 표징적 사건 일곱 개를 연이어 소개한다. 일곱 개의 이야기 모두 '믿음'에 대해 언급하면서 마친다. 사건은 다양할지라도 그 사건이 지향하는 건, 믿음의 형성 유무다. 전통적으로 혼인 잔치는 메시아의 도래를 가리키는 개념이었다(이사 62,4-5; 마태 22,1-14 참조). 메시아가 오면 좋은 일, 기쁜 일만 가득하기를 바랄 테지만, 카나의 혼인 잔치 이야기에는 의아한 점이 한두 가지가 아니다. 혼인 잔치의 주인공인 신랑과 신부는 구체적으로 드러나지 않으며, 잔치에 필요한 포도주마저 떨어진 채 이야기가 시작되고, 손님으로 초대받은 마리아와 예수님이 주인공으로 등장하며, 잔치 관계자들은 보조자 역할을 맡을 뿐이다. 메시아 시대의 완성을 암시하는 혼인 잔치에 결핍들이 고스란히 놓여 있다. 그 결핍들을 어떻게 채워나갈지 살펴보는 일이 우리가 지녀야 할 '믿음'의 본질적 가치를 되새기는 일이 될 것이다.

카나의 혼인 잔치는 '사흘째' 되는 날 시작되었다(2,1). 우리는 앞서 요한복음의 서문 격인 1장을 읽었다. 서문은 하느님께서 어둡고 팍팍한 현실에 몸소 오셨다는 사실을 알려줬다. 그 육화 사건은 '사흘째'에 이르러 새로운 국면, 곧 예수님이 세상에서 본격적으로 당신의 일을 행하시는 국면으로 전환된다. 말하자면, '사흘째'는 하느님의 육화 사건을 마무리함과 동시에, 앞으로 펼쳐질 예수님의 시간을 드러내는 새로운 시작이다. '사흘째'는 카나 혼인 잔치의 시간적 배경을 알려주는 데 그치지 않는다. '사흘째' 되는 날, 예수님이 다른 시간에 대해 언급하시기 때문이다. "아직 저의 때가 오지 않았습니다"(2,4). '사흘째'는 예수님이 보여주실 일곱 개의 표징적 사건, 곧 카나의 혼인 잔치를 시작으로 라자로를 살리는 이야기(11장)까지 계속되는 시간이며, 종국에는 예수님의 때, 곧 십자가의 때를 향하는 시간이다. 예수님은 카나의 혼인 잔치 시간에 매몰되어 그것으로 끝나버릴 수 없는, 또 다른 시간을 예고하신다.

요한복음이 가리키는 예수님의 때는 언제일까? 놀랍고 낯설기 짝이 없는 시간이다. 사도 바오로의 표현(1코린 1,23 참조)을 빌리자면, 걸림돌이고 어리석음이 될 수밖에 없는 십자가의 시간을, 요한복음은 '영광의 때'라고 말한다(7,38-39; 13,31 참조). 대개 성경에서 영광이란 표현은 하느님의 현존을 가리킬 때 사용되었다(1열왕 8,11 참조). 요한복음은 하느님의 현존을 예수님의 십자가로 바꾸어놓는다. 영광을 고통이나 죽음과 등가적 관계에 놓는 것이 보통 신앙인들에게는 영 마뜩잖은 일이다. 죽음보다야 삶이 낫고, 슬픔보다야 기쁨이 나은 까닭이다. 그러나 요한복음은 슬픔 속에서 기쁨을, 참혹함 속에서 영광을 찾도록 우리를 초대한다. 낯설고 힘든 초대라서 요한복음은 카나의 혼인 잔치부터 차근차근 우리를 훈련한다. 이를테면 잔칫집의 흔한 포도주, 곧 없어지고, 없어지면 아쉬워할 포도주에 취하지 말고, 예수님이 마련하시는 또 다른 포도주에 취하라고 우리를 부추긴다.

예수님이 마련하시는 포도주는 신앙인들이 걸어가야 할 믿음의 길을 상징한다. 요한복음이 그려내는 믿음은 그 과정이 매우 지난至難하다. 마리아의 말을 시작으로 그 지난한 믿음의 여정이 시작된다. "그가 시키는 대로 하여라"(2,5). 요한복음은 마리아를 드러내는 데 상당히 절제한다. 카나의 혼인 잔치에 나타난 마리아는 요한복음의 끝자락, 예수님의 십자가에 가서야 다시 등장한다(19,25). 심지어, '마리아'라는 이름조차 요한복음은 언급하지 않는다. 요한복음의 마리아는 예수님과의 관계로 묘사되며(2,1에서는 '예수님의 어머니'로 소개된다), 그 관계조차도 예수님은 '여인'이라는 호칭으로 규정해버린다. '여인'이라는 호칭을 두고 어찌 어머니에게 그런 표현을 쓸 수 있을까 반감이 들 수도 있지만, '여인'은 역설적이게도 마리아의 위상을 드높이는 가치를 지닌다. 예수님과의 관계에서 얼마간의 '거리'

를 암시하는 '여인'은 마리아를 예수님과의 육적인 관계 안에 고착시키지 않고, 요한복음에 쓰인 1세기 말엽의 신앙 공동체, 나아가 우리 교회 전체와의 관계성을 이해하는 데 필요한 호칭이다(19,27). 예수님은 '여인'이라는 호칭을 사용함으로써 마리아를 모든 신앙인의 어머니로 소개하는 것이다. "그가 시키는 대로 하여라"라는 마리아의 말은 어찌 보면 신앙인들이 예수님께 당연히 갖추어야 할 기본 자세(탈출 19,8; 24,3.7 참조)를 다시 가다듬게 하는 어머니의 따스한 초대인 셈이다.

마리아의 초대는 잔치 주관자도, 신랑도, 높으신 귀빈도 아닌 허드렛일과 심부름을 하는 하인들에게 주어졌다. 하인들은 예수님의 말씀을 곧이곧대로 듣고 따를 것이다. 예수님이 하인들에게 건넨 말씀은 짧고 간결하다. 그저 "물을 채워라", 그 물을 "과방장에게 날라다 주어라"는 말씀 외에 특별한 것이 없다. 하인들은 예수님의 말씀을 따라 움직였고 물은 포도주로 바뀌었다. 과방장은 그 포도주를 '좋은 포도주'라 했다. 물이 포도주로 바뀌는 일련의 과정은 예수님의 말씀을 듣고 실천하는 과정이었다. 이 과정에서 예수님의 독보적 능력만 강조하는 것은 왠지 불편하고 편협하다. 말씀을 듣고 실천하는 이들, 하인들 없이 물이 포도주가 된 사실을 우리는 상상하기 힘들다. 요한복음은 예수님의 초자연적인 능력에 주목하기보다, 말씀을 듣고 따르는 이들의 움직임에 집중한다. 그 움직임은 정결례에 사용된 물독이 가리키는 의미와 정확히 조응한다. 잔칫집에 어울릴 좋은 포도주는 몸과 마음을 깨끗하게 하는 유다이즘의 정결례에서 시작한다. 메시아를 만나고, 그분의 영광을 바라보는 것은 감나무에서 감이 떨어지기를 기다리는 일처럼 쉬운 일이 아니다. 예수님을 메시아로 받아들이고 그분의 영광을 보고 믿음을 얻기 위해서는 기존 가치 체계에 찌든 우리의 몸과 마음을 해체해야 한다. 세속의 논리에 젖어 잃어버린 신앙감을 찾기 위해 우리가 어떤 노력을 하는지 되묻는 작업이, 정결례에 사용되는 물독에 물을 채우는 행위다. 그 물독이 가득 찼을 때, 우리는 메시아를 만나는 참된 잔치의 기쁨을 만끽할 것이다.

믿음의 여정은 표징 너머에 자리 잡고 있는 예수님의 영광을 보는 안목을 갖추는 것으로 마무리된다(요한 2,11). 라자로의 무덤 앞에서 마르타에게 하신 예수님의 말씀이 믿음의 안목을 정확히 짚어낸다. "네가 믿으면 하느님의 영광을 보리라고 내가 말하지 않았느냐?"(11,40) 예수님은 하느님의 영광을 저 구름 위 하늘에, 또는 저세상에 지으려 하신 것이 아니다. 우리의 믿음, 우리의 변화를 통해 드러내려 하셨다. 다만 우리의 믿음, 우리의 변화가 원하든 원하지 않든 기존 가치 체계와 갈등과 불화를 일으킬 수밖에 없다는 두려움이 예나 지금이나 우리의 발목을 잡고 있을 뿐이다. 하인들은 듣고 따랐다. 그 전에 마리아는 웃고 떠들며 다들 기뻐하는 혼인 잔칫날에 무엇이 부족한지 주위를 살필 줄 알았다. 믿음의 눈을 가지기 위해 남은 일은 몸과 마음의 유연성을 키우는 일이다. '현실 핑계'로 현실이 극복되기를 절대로 바라지 않는 완고함에서 해방되어야 한다.

06

성전 정화 사건 (2,13-25)

얼마전 우리 사회는 불행한, 그러나 역사 속에 길이 되새겨볼 만한 일을 겪었다. 대통령 탄핵이라는 사건은 제 이념의 옳고 그름을 떠나, 대한민국에서 살아가는 국민 모두에게 아픈 공부였다는 사실은 명확하다. 탄핵에 대한 정치공학적 이념 대립은 우리 신앙인이 할 일이 아니다. 다만, 우리가 겪은 탄핵 사건은 예수님의 성전 정화 사건을 이해하는 데 가치가 있다는 사실을 상기시키고자 한다. 대통령 탄핵 사건을 겪은 우리에게 예수님의 성전 정화 사건은 2천 년 전 화석이 된, 그리하여 사변적이거나 영성적 차원의 이야기가 아니라 실제 체험한, 피부로 확연히 느낄 수 있는 사건이 되었다.

예수님 시대의 성전은 종교 예배나 예식 정도를 거행하는, 사회와 구별된 자리가 아니었다. 정확히 말하자면, 철저하게 세상과 구별된 하느님 현존의 자리였다. 동시에 사회적 계급의 차별과 권력 구조를 완벽하게 구현한 자리가 성전이기도 했다. 대사제를 중심으로 최고 권력층인 사제들과 이스라엘 남성들의 자리와 차별받던 이스라엘 여성들과 이방인, 병자들이 머물 자리가 철저히 구분된 것이 성전이었다. 요컨대 성전은 이스라엘 정치·사회·권력 계급 구조의 축소판이었다.

이런 성전을 예수님은 엎어버리신다. 그것도 채찍을 만들어서 말이다(2,15: 공관복음에서는 '채찍'이 나타나지 않는다. 요한복음은 상대적으로 강하게 성전 정화 사건을 묘사하고 있는 셈이다). 예수님이 '엎어버리는 것'은 성전 자체가 아니라 성전을 중심으로 형성된 세속적 이해관계였다. 예수님의 눈에 비친 당시의 성전은 자기들끼리의 계급을 유지하기 위해 때로는 갈등하고 때로는 타협하며 만들어낸 '장사하는 집', 곧 '상점'이었다(2,16). 그 상점의 외연에서 신음하며 살아간 민중들은 사회 권력층이 중심이 된 일련의 예배 의식(예컨대, 파스카를 중심으로 한 유다의 축제들)에 복종하며, 제 삶의 구원을 위해 그 복종으로 하루하루를 연명했다. 예수님은 그런 계급화된 사회를 엎어버리고 무너뜨리신다.

'엎어버리는 행동'이 폭력적일지라도, 그 폭력은 상대를 향한 반감과 대립에 소용되지 않는다. 성전 정화 사건을 묘사하는 데, 공관복음은 예수님과 유다 종교지도자들의 강한 대립을 보이는 반면, 요한복음은 예수님의 자격 문제를 질문하는, 다소 유순한 유다인들을 보여준다(2,18). 유다인들은 예수님을 비난하거나 고발하는 대신 하나의 '표징'을 요구했고(2,18), 그 요구에 예수님은 이렇게 답하신다. "이 성전을 허물어라. 그러면 내가 사흘 안에 다시 세우겠다"(2,19). 허물어야 할 '성전'은 그리스어로 '나오스(ναός)'다. 성전을 가리키는 또 다른 그리스어로 '히에론(ἱερόν)'이 있는데(2,14.15), 이는 성전의 구조물 전체, 곧 그야말로 성전 지역 전체를 가리키는 말이다. 반면, '나오스'는 하느님의 현존을 가리키는 말로, '나오스'를 허물라고 말씀하시는 예수님은 제 계급적 이익을 위해 변질된 하느님의 현존을 더는 받아들이지 않겠다는 의지를 분명히 하시는 셈이다.

놀라운 건, 무너뜨려야 할 '변질된' 성전과 예수님을 하나로 소개하는 요한복음서의 의도다. "그분께서 성전이라고 하신 것은 당신 몸을 두고 하신 말씀이었다"(2,21). 요한복음은 하나의 표징과 표징 너머의 의미를 구별한다. 표징이 가리키는 일차적이고 표면적 의미가 아닌 그 너머에 예수님이 만들어가시는 심층적 의미에 독자들을 초대한다. 성전을 두고 유다인들은 헤로데 대왕이 마흔여섯 해 동안 공들여 지은 건축물로 생각하지만(2,20), 예수님은 성전이 곧 당신 몸임을 천명한다. 예수님이 곧 성전이라는 심층적 의미의 도식을 받아들이는 게 믿음이다. 예수님이 성전으로 상징되는 걸 이해하지 못하는 게 믿지 않는 유다인의 입장이다. 4장에 나타나는 사마리아 여인의 이야기도 심층적 의미로 초대하는 요한복음서의 의도를 드러내는 좋은 예다. 사마리아 여인이 예수를 '유다인 남자'로, '예언자'로 여기다가, 급기야 '메시아'로 인식하는 일련의 과정은 심층적 의미로 전이되는, 다시 말해 참된 믿음으로 옮겨가는 인물의 모범적 사례다.

사실, 성전 정화 사건은 그 자체로 역사적 사건이었을 뿐이다. 이 사건을 예수님의 수난과 죽음, 그리고 부활과 연관지어 생각한 것은 예수님이 부활하시고 난 후, 신앙공동체가 그분의 수난과 죽음, 그리고 부활을 '기억'하고 '해석'한 방식이었다. 요한복음서는 그런 '기억'과 '해석'을 분명히 짚어낸다. "예수님이 죽은 이들 가운데에서 되살아나신 뒤에야, 제자들은 예수님이 이 말씀을 하신 것을 기억하고, 성경과 그분께서 이르신 말씀을 믿게 되었다"(2,22). 예수님에 대한 '기억'과 '해석'은 기존 사회의 계급화된 권력 구조가 아니라, 오로지 희생하고 참아 내는 십자가의 사랑 안에서 이루어졌다. 요한복음은 예수님을 '하느님의 어린양'이라고 소개했다(1,29.36). 파스카 축제 때에 번제로 바쳐진 양의 수가 만오천을 넘어가는 시대에, 예수님은 스스로 번제로 바쳐질 '어린양'으로 성전에서 당신의 정체성을 드러내셨다. 허물고 다시 세울 성전은 스스로 어린양이 되어 이 세상의 권력과 폭력 앞에 당신을 제물로 내놓으시는 십자가 사건의 상징이고, 십자가를 통해 이 세상에 하느님의 영원한 생명이 주어졌다는 부활 사건의 상징이다.

공관복음에서 성전 정화 사건은 예수님의 수난 이야기와 연결되어 후반부에 등장하지만, 요한복음에서는 앞부분에 나타난다(마태 21,1-9; 마르 14,58 참조). 예수님이 짊어지실 십자가는 당신의 삶 자체였고, 하느님이 이 세상에 보여주고 싶은 당신 현존의 자리를 대변하기에, 요한복음은 성전 정화 사건을 예수님이 지상 삶을 시작하시는 출발점에 배치한다. 아버지의 집에서 하느님을 만나뵙는 그가 죄인이든 병자든 그 누구든, 중요치 않다. 하느님의 생명으로 초대하신 분은 스스로 세상을 위해 죽어가시는 '어린양' 예수님이시다. 그런 예수님에게 성전은 어떠한 희생제물도, 어떠한 돈도 필요치 않은 곳이다. 그저 하느님의 초대에 응답할 수 있는 순수한 믿음만 있으면 충분하다.

그날, 광장의 목소리는 하나가 아니었다. 단순히 제 마음에 들지 않는 대통령을 교체하는 것으로 광장의 목소리를 단정할 수는 없었다. 저마다 제 삶의 처지에서 억눌렸던 목소리를 한꺼번에 쏟아냈고, 그것으로 우리 사회 곳곳의 아픔들을 듣고 이해할 수 있는 곳이 광장이었다. 예수님이 성전을 엎으신 건, 당신으로 인해 세상이 제대로 살기를 바라셨기 때문이다. 우리는 지금, 제대로 살고 있는가. 어쩔 수 없이 살아야만 하는가. 우리는 지금 무엇을 위해 살고, 살기 위해 무엇을 하고 있는가. 말하자면, 우리는 서로를 위해 내어주고 보듬어주고, 그래서 스스로 어린양이 되어 함께 살기를 바라고 있는가, 정직하게 고민해봐야 한다. 제 이익에 눈멀어, 제 계급을 지키기 위해 혈안이 되어 서로를 밀쳐내고 외면하면서 성전에서 예물을 바치고 예배를 드리는 건, 당신을 밀쳐낸 세상을 끝없이 사랑하신 예수님을 욕보이는 게 아닐까. 광장의 목소리가 다양했듯이, 우리가 함께 모이는 성당 역시 누구든 함께 모여 형제자매임을 기억하는 곳이어야 하지 않을까.

07

예수님과 니코데모의 대화(2,23-3,21)

우리는 대체로 '바리사이'라고 하면 거부감부터 갖는다. 예수님과 대립각을 세우며 그분의 비난을 온몸으로 받은 대상이 바리사이이니 그럴 만도 하다. 그러나 예수님 시절 바리사이는 훌륭했다. 그들은 613개나 되는 율법을 생활의 실천 사항으로 지켰고, 하느님의 가르침을 누구보다 소중히 여겼다. 다만 율법을 어기는 이들에게 보여준 사정없는 폐쇄성이 예수님의 열린 사랑에 걸림돌이 되었다는 점은 우리를 불편케 한다.

바리사이로서 니코데모는 열린 사람이었다. 비록 낮이 아닌

밤에 예수님을 찾아올 정도로 조심스러운 면도 있었으나, 훗날 신문받는 예수님을 두둔하고(7,51 참조), 예수님의 장례를 위해 몰약과 침향을 섞어 가져오기도 했다(19,39 참조). 예수님에 대한 사회적·종교적 논란 속에서도 그는 예수님을 존경했고, 그분에게서 가르침을 얻고자 한 개방적 인물이었다.

니코데모는 예수님이 예루살렘에서 보여주신 표징들을 보고 그분을 하느님으로부터 오신 분으로 이해했다(2,23; 3,2). 그러나 딱 거기까지였다. 어떤 바리사이보다 예수님께 가까이 다가간 니코데모였지만, 그는 예수님과 대화를 나누면서 자신의 한계를 명확히 드러냈다. 그는 위로부터 태어나야 하고, 물과 성령으로 다시 태어나야 한다는 예수님의 말씀을 육체적·인간적 차원에서 이해하였다. "어머니 배 속에 다시 들어갔다가 태어날 수야 없지 않습니까?"(3,4)

니코데모는 새로운 시대에 필요한 새로운 관점을 전혀 가지지 못했다. 위로부터 태어나야 한다는 말은, 세상 것에만 휘둘려 하늘의 뜻과 가르침을 멀리하는 삶에서 탈피하는 것을 가리킨다. 물과 성령으로 다시 태어나야 한다는 것은 하늘의 뜻이 세상에 펼쳐질 때가 되었다는 말이다(요엘 3,1-2; 이사 44,3 참조). 예수님을 만나서 그분이 누구신지 깨닫는 것은 그분을 존경하여 그분에게서 가르침을 몇 수 얻은 뒤, 제 삶을 갈고 닦는 윤리적 실천에 국한되지 않는다. 예수님을 안다는 것은, 세상의 사고방식에서 자유로워져 하늘의 큰 뜻을 받아들일 수 있도록 제 삶을 변화시키는 것이다(에제 36,25-28 참조). 요컨대 기존의 자신에게서 벗어나 자유로워지는 것이 위로부터 다시 태어나는 일이고, 물과 성령으로 다시 태어나는 일이며, 예수님이 누구신지 깨닫는 일이다.

　사람과 세상의 변화는 각자의 삶을 갈고닦는 것만으로 이루어지지 않는다. 사람은 대개 자신의 한계와 주관을 극복해서 남부럽지 않게 잘 살려 하나, 인간관계가 헝클어지면 모든 것이 수포로 돌아가는 경험을 숱하게 하지 않는가! 니코데모가 예수님의 존재 가치를 하느님에서 찾은 건 분명하나, 자신의 지식과 경험의 한계에서 해방되지 못했다. 하늘에서 오신 분을 찾아와 듣고 배우려 했으나 니코데모는 완전히 자신을 열어놓지 못했다. 그런 니코데모를 두고 예수님은 유다 사회를 향한 가르침을 시작하신다. 3,11부터 예수님은 당신을 가리켜 '우리'라는 표현을, 당신의 말씀을 듣는 이들을 가리켜 '너희들'

이라는 표현을 쓰신다. 이야기의 흐름은 예수님과 니코데모의 개인적 대화에서 예수님을 믿고 따르는 그리스도교 공동체와 그분을 받아들이지 않는 유다 사회 간에 펼쳐지는 집단 대 집단의 대화로 확장된다. 우리는 여기서 예수님과 니코데모의 대화와 그리스도교 공동체와 유다 사회의 대화 사이에 놓인 시간적 간극을 이해할 필요가 있다. 요한복음의 저자는 예수님이 니코데모를 만나는 역사적 사건을 기반으로 1세기 말엽에 있었던 그리스도인에 대한 유다인들의 억압과 박해에 대해 예수님의 입을 통해 생동감 있게 반박하고 있는 것이다. 예수님이 가르치셨고, 예수님의 부활 사건 이후 그분을 따르는 그리스도인들이 수없이 증언했지만 유다 사회는 예수님을 메시아로 받아들이지 않았다(3,11).

예수님은 유다 사회가 받아들이지 않은 이야기를 '사람의 아들'을 통해 한층 자세히 설명한다. 유다의 전통에서 사람과 세상의 변화에 대한 열망은 '사람의 아들'이라는 표현과 더불어 다듬어져 왔다(다니 7장 참조). 하늘에서 내려온 이는 분명 하늘을 알고 있다. 이 세상만이 아닌 저 높은 하늘의 신비를 알고 있는 존재가 '사람의 아들'이다. 세상살이의 한계를 하늘을 통해 직시하고, 하늘을 품어 땅을 변화시키려 했다. 거기에 '사람의 아들'만큼 적확한 표현은 없었다. 사람의 아들은 하늘에서 내려왔으되, 누가 뭐라 해도 '사람'이기 때문이다. 하늘과 땅이라는 두 세계가 사람의 아들을 통해 온전히 하나가 된다. 말씀이 사람이 되어 우리 곁에 머무르시는 예수님은 유다 사회가 기다리고 열망하던 '사람의 아들' 바로 그분이셨다.

사람의 아들은 하늘과 땅을 이어놓는다. 하늘과 땅이 하나 되는 이유는 명확하다. 생명을 위해서다. 생명은 인간 삶의 지속적 영위나 풍요로움을 가리키는 개념이 아니라, 사람의 아들을 만나는 데서 이루어지는 관계 지향적 개념이다. 그래서 생명은 하나의 '만남'이고 온전한 의탁이다. 예수님은 모세가 보여준 광야의 구리 뱀에 빗대어 당신의 십자가 사건을 미리 말씀하신다. 구리 뱀이 나무 위에 달려 높여졌듯이 예수님은 십자가로 들어 높여져 세상에 생명을 선물로 전해주실 것이다. 저 옛날 목마름과 배고픔, 생명의 위협이 득실대던 척박한 광야에 구리 뱀이 등장하여 이스라엘 백성을 살려내고 그들을 하느님의 백성으로 거듭나게 했듯, 예수님은 십자가 위에 매달려 스스로 죽어 가시되 하늘을 갈망하는 백성에게 하늘의 생명을 전해주셨다. 예수님의 죽음은 하늘과 땅이 함께 누리는 생명 그 자체였다.

사람의 아들이 세상에 생명을 주는 건, 세상을 너무나 사랑하신 하느님 아버지의 뜻이었다(3,16). 예수님에게 생명이란, 타자에 대한 절대적 사랑이다. 그분에게 이 세상은 서로를 향한 사랑의 작업장이어야 했다. 2천 년 전 예수님은 우리가 서로 사랑하고 생명을 나누는 자리에 동시대 사람으로 다시 육화하신다. 예수님은 한 시대에 국한된 분이 아니라 모든 세대에 사랑의 빛을 전하고자 하셨다. 늘 그렇듯 그 빛을 받아들이느냐, 아니면 어둠 속에 머물며 죽음으로 치닫느냐는, 우리의 선택에 달려 있다. 선택은 특별한 능력이나 지식을 담보로 이루어지지 않는다. 오히려 세상 그 누구라도 함께할 수 있다는 마음의 여유와 자유로움이 예수님을 빛이요, 생명으로 받아들일 수 있는 전제 조건이다. 하느님 안에 머물고 그분과 함께 살아가는 삶은 세상 누구 앞에서도 부끄럽지 않은, 투명하고 열린 삶과 조응한다.

신앙생활은 인간적 삶을 다듬는 데 필요한 것이 아니라, 그 삶을 전복하는 데 필요한 것이다. 현실에서 눈치껏 사는 처세를, 도사처럼 온유한 미소를 신앙생활의 기본 덕목이라 여기는 데서 탈피하는 것이야말로 참된 신앙생활의 시작이다. 세상살이와 그 속에서 영위할 신앙생활은 한 시대, 하나의 사상으로 규정되거나 동일한 덕목이나 잣대로 재단할 성질의 것이 아니다. 무수히 많은 사람이 다양한 생각을 품고 사는 것을 있는 그대로 먼저 사랑할 줄 아는 게 신앙생활이다. 이를 위해 우리는 다양하기에 빚어지는 다툼과 갈등을 '이해 못할 무엇'으로 여겨 외면할 게 아니라 다툼과 갈등의 한가운데를 파고드는 존재론적 식견을 갖추어야 한다. 제 삶의 터전과 그곳에서 익힌 수많은 지식과 경험에 갇히지 않는, 그리하여 존재하는 모든 것의 의미와 가치를 되짚어보고 사유하는 식견을 갖추는 것, 그것은 유다의 스승이며 최고 의결 기구의 권력에 속한 니코데모조차도 이루지 못한 '어려운' 일이었다. 그 어려운 일이 우리 신앙인의 몫이다. 우린 참 대단한 일을 하고 있는 것이다.

08

턱없는 경쟁 (3,22-36)

'신자유주의'란 말을 수도 없이 듣고 산다. 사람들은 대개 신자유주의가 뭔지도 모른 채, 제 삶을 열심히 사는 것으로 하루하루를 연명한다. 그러나 손가락 하나 까딱 안 해도 먹고사는 데 걱정 없는 사람이 있고, 뼈 빠지게 일해도 내일이 무서운 사람이 있다. 왜 우리는 노력한 만큼 정당하게 사람대접 받으며 살지 못하는 것일까.

    서울에서 지하철이나 버스를 탈 때마다 떠오르는 이 질문은 내 속을 더욱 불편케 한다. 서로가 경쟁하듯 뛰어다니는 지하철역과 버스 정류장은 신자유주의를 체험하는 장이다. 사람들은 그저 좀 더 빨리, 편하게 갈 수 있으려니 하며 뜀박질을 하지만, 그것은 대개 운에 내맡겨진다. 먼저 뛰어간다고 버스가 먼저 와 있지는 않고, 빨리 뛴다고 지하철에 자리가 넉넉하게 남아있지는 않은 까닭이다. 프랑스에 살 때, 학교에 가기 위해 탔던 버스는 늘 정시에 도착했다. 뛸 이유도 없고, 기다릴 이유도 없었다. 다만, 서로의 시간 약속에 충실하면 되었다. 서로를 위한 약속보다는 제 처지에 맞갖게 사회가 움직이길 바라고, 그 바람이 제 이익의 기준에서만 가치롭다 여기는 체제, 그것이 신자유주의다. 이런 사회는 무한 경쟁에서 살아남는 이에게는 천국이 되고, 그렇지 못한 이들에게는 지옥이 된다. 사실 경쟁한다지만, 그 경쟁이 공평하지도 정의롭지도 않은데 말이다. 천국과 지옥은 출신의 운에 맡긴 채, 사람들은 지쳐만 간다.

　예수님과 요한의 세례 이야기에 앞서 신자유주의를 언급하는 건, 예수님도 요한도 경쟁보다는 상생을, 신자유주의보다는 사회주의를 선호한 건 아닐까, 하는 다소 생소한 생각을 해봤기 때문이다. 사회주의라는 말에 좌파니 진보니 언급하는 호들갑은 없었으면 좋겠다. 우리가 선진국이라 언급하는 유럽의 몇몇 나라에서 사회주의는 오히려 보수와 우파의 결연한 사상이고, 우리 사회의 이념적 지식과 논리의 부재로 사회주의에 대해 이러쿵저러쿵 말하는 게 낯 뜨거워서 그렇다.

아무튼 예수님도 요한도 '함께' 세례를 베풀고 있다. 물론 세례는 예수님이 아니라 제자들이 준 것이지만(4,2), 예수님 일행과 요한 일행이 함께 세례를 베푸는 요한복음의 이야기는 세례자 요한과 예수님의 사명을 분명히 구분하는 공관복음의 이야기와 다르다(마르 1,14 참조). 심지어 요한복음은 예수님의 제자 중에 세례자 요한에게서 건너온 이도 있다는 사실을 공고히 했다. 예수님과 세례자 요한은 서로 다르되 공감하는 부분이 있고, 서로 떨어져 있되 함께할 수 있는 구석이 있음은 분명하다. 공감과 구별이 서로 엮여 있는 것이 요한과 예수님의 관계였다.

예수님의 세례를 두고 불평하는 요한의 제자들은 이런 공감과 구별의 구조를 깨트린다. 그들의 말이 이러하다. "왜 사람들이 우리에게 오지 않고, 예수에게로 가는가?" "왜 우리가 아니고 너여야 하는가?" "왜 내 마음대로 안 되는가?" 이런 말들에는 대개 인간의 탐욕이 내재하고 있다. 카인이 그랬고, 밧 세바를 탐한 다윗이 그랬으며, 나봇의 포도밭을 넘본 아합 임금이 그러했다. 탐욕의 원리는 '타인이 가진 것은, 모든 것을 가져야 하는 나에게 걸림돌이 된다'는 데 있다. 사회의 경쟁 구도는 대체로 경쟁의 조건에 대해 무감각한 현상을 보인다. 서로의 처지가 어떤지, 어떤 조건으로 삶을 영위하는지 묻지 않은 채, 다만 내가 가져야 할 '모든 것'에 매몰된 게 탐욕의 민낯이다. 세례자 요한의 제자들은 자신들의 세례와 예수님의 세례가 어떤 조건에, 어떤 다름이 있는지 묻지 않는다. 그저 사람들을 뺏기는 것을 못 견뎌, 모든 사람을 움켜쥐고자 하는 경쟁, 그 자체에 매몰되어 있다.

요한의 제자들은 어떤 유다인과 정결례를 두고 논쟁을 벌였다(3,25). 당시 요한의 세례는 '회개'에 집중했고 회개는 용서로 이어졌다. 한편, 유다인의 공식적 세례는 유다교로 개종하는 이들을 위한 예식에 국한되었고, 에세네파에게는 정결 예식에 가까웠다. 세례에 대한 다양한 관점은 저마다 지니는 신앙의 태도와 실천의 차이에서 왔다. 요한의 제자들이 유다인과 다툰 것 역시 각자가 베푸는 세례 예식의 정당성을 얻기 위한 하나의 경쟁이었다. 경쟁은 논쟁을 통해 해결책을 찾는 것으로 끝나는 게 아니라, 대립을 부추기는 데 소용된다. 저마다 베푸는 세례는 포기할 수 없는 각자의 정체성의 근본이자 신념의 절대적 가치이기 때문이다.

 세례자 요한은 이런 경쟁을 비껴간다. 요한은 예수님의 수위권을 이미 인정하고 증언했다(1,27). 세례를 두고도 요한은 비교할 수 없는 예수님의 우위를 강조한다(3,30). 대개 요한을 두고 겸손과 수용, 혹은 양보의 미덕을 이야기한다. 그러나 이러한 논리는 요한이 잡히고 나서 예수님의 공생활이 비로소 시작되는 공관복음에서나 가능한 것이다. 요한복음은 요한을 예수님과 함께 세례를 주는 주체로 언급하면서도 예수님을 요한보다 더 커지셔야 할 분으로 소개함으로써 두 사람을 구별한다. 이는 요한이 가지는 고유한 가치를 예수님과 함께 비교하는 논리에서 벗어나야 한다는 것을 암시한다. 신랑과 그 친구의 비유가 그렇다. 유다 전통은 물론이고 그리스도교 전통에서 신랑은 메시아로, 신부는 하느님의 백성으로 이해한다(이사 62,4 이하; 호세 2,21; 2코린 11,2; 묵시 21,2; 22,17 참조). 그런데 요한은 자신을 신랑의 친구로 규정한다. 유다 사회에서 신랑의 친구는 신랑의 가족과 더불어 혼인 잔치에 필요한 것들을 챙기는 역할을 담당한다. 요한은 메시아도, 하느님 백성도 아닌 메시아와 하느님 백성이 만나는 자리를 챙기고 돌보는 것으로 제 정체성을 고유하게 만들어간다.

요한은 계속해서 말을 이어간다. 4,31부터 소개되는 요한의 말은 예수님이 니코데모에게 하신 말씀과 상통한다(요한의 말인지, 아니면 복음서 저자의 서술인지 논란은 있다). 하늘에서 오신 예수님에 대한 이야기(3,13과 3,31-32을 비교해보라), 사람들이 예수님의 증언을 받아들이지 않는다는 이야기(3,11-12과 3,32을 비교해보라), 아드님을 믿는 것은 영원한 생명을 얻는 것이라는 이야기(3,16과 3,36을 비교해보라)가 그렇다. 대개의 주석학자들은 신랑의 친구로서 요한이 예수님의 정체성에 대해서 다시금 강조하는 것이라 여긴다. 다만, 여기에 덧붙여 잊지 말아야 할 것은, 요한과 예수님의 증언이 하나라는 점이다. 앞서 예수님을 치켜세우며 자신의 고유한 자리를 마련했던 요한은, 선포하고 증언하는 데 있어 예수님과 하나 된다. 하나 됨은 획일화와 다르다. 세례자 요한을 포함해서 모든 사람은 흙에서 나왔으며(1코린 15,47), 사람의 지식과 경험은 흙으로 대변되는 땅의 것에 한정

된다. 그러나 하늘에서 오신 분, 예수님은 '모든 것' 위에 계신다(3,31). 하늘과 땅이 대립되는 것이 아니라 일부분인 땅이 모든 것인 하늘 안에 포함되어 함께한다는 점을 되새겨야 한다. 예수님이 이 땅에 오신 것은 땅을 단죄하고 벌하기 위한 게 아니라, 증언하기 위해서다. 그 증언은 물론 이 땅 위에 영원한 생명을 가져다주는 데 그 목적이 있다(3,36).

영원한 생명을 얻는 길은 대단한 영웅이 되는 것, 말하자면 예수님과 같은 영웅의 삶을 똑같이 살아내는 것이 아니다. 예수님이 누구이신가 알아듣는 것이지, 모두가 예수님처럼 도인이나 성인이 되라는 것이 아니다. 이를테면, 예수님이 내 삶에서 누구이시고 어떤 의미로 다가오는가 묻는 데서, 우리는 영원한 생명을 이미 살아가게 된다. 요한복음이 말하는 생명은 서로 다름의 만남이다. 만남은 제 삶을 포기한 채 특정인의 삶에 기생하는 것이 아니다. 그건 노예 생활이고, 을의 서글픈 굴욕일 뿐이다. 모두가 같은 삶의 자리에서 살아야만 하는 세상은 파시스트들의 세상이다. 삶의 자리가 달라도 서로를 존중하고 배려하고 이해하는 세상이 민주적인 세상이고, 그 세상은 신앙적인 세상과 다르지 않다. 요한은 자신의 자리와 예수님의 자리를 혼동하지 않았다. 요한을 통해 배울 수 있는 건, 우리가 경쟁하는 대상이 무엇보다 자기 자신이어야 한다는 것이다. 신랑의 친구인 자신의 처지를 버려두고 왜 신부를 차지하는 신랑의 자리를 탐하려는지 되돌아보아야 한다. 자신의 자리가 명확하고 분명해야 육화하신 예수님이 한결 선명히 드러난다.

09

예수님, 그분은 누구이신가?(4,1-42)

90년 말, 외환위기를 시작으로 우리나라 민중은 사회 문제와 사건에 전문가가 된다. 외환위기 때는 어떻게든 먹고살아야겠기에 경제 전문가가 되었고, 이라크 파병과 한미 자유무역협정(FTA) 체결 때는 외교와 통상 문제에 전문가가 되었다. 세월호 참사 때는 선박과 구조救助에 전문가가 되었고, 메르스 사태 때는 전염병에 전문가가 되었다. 전문가여야 할 책임자들이 우왕좌왕하는 사이에 민중이 전문가로 거듭났다. 그럴수록 민중은 서로가 서로에게서 단절되는 일상을 체험했다. '내 아이만 괜찮으면…, 내 건강만 괜찮으면…' 서로서로를 '위험 물질'로 바라보기 시작했다. 처연한 대한민국의 일상이다.

사마리아인과 유다인 역시 그랬다. 서로가 서로를 '위험 물질'로 간주했다. 예수님은 그 대립의 공간을 가로질러 가셔야 했다. "그때에 사마리아를 가로질러 가셔야 했다"(4,4). '가셔야 했다'라고 번역된 그리스어에는 '데이(δεί)'가 사용되었는데, 필요한 일이나 당연한 일을 행할 때 사용되는 표현이다. 예수님의 여정은 선택이 아니라 필수였다. 위험 물질로 간주되는 갈등의 자리에 예수님은 기꺼이 함께하신다.

사마리아 여인은 여느 때와 다름없이 지내고 있었다. 야곱의 우물에 가서 두레박으로 물을 긷는 일상은 그 여인에게 너무나 당연해서 그것이 전부인 양 그렇게 살았을 테다. 예수님의 등장은 이런 일상을 새로운 세계로 끌어내는 데 소용된다. 사마리아 여인은 두 가지 낯선 경험에 직면한다. 하나는 유다 남자가 사마리아 여인인 자신에게 말을 건넸다는 것, 또 하나는 그 남자가 자신의 옛 삶을 매우 똑똑히 인지하고 있다는 것이다. 여인의 낯선 경험은 익숙한 일상을 떠나 예수님이 누구신지 질문하고 헤아리게 한다.

사마리아 지역은 남쪽 유다 지역 사람들에게는 부정한 곳이었다. 기원전 722년 아시리아에 점령된 후, 이방 민족이 뒤엉켜 살게 된 지역이었기 때문이다(2열왕 17,24 이하 참조). 그럼에도 사마리아 지역 사람들은 기죽지 않았다. 야곱을 조상으로 자랑스레 섬겼고, 그리짐산에서 드리는 예배를 남쪽 유다 사람들의 예루살렘 성전 예배와 견주어 빠지지 않는다고 여겼다.

예수님은 이런 역사의 단절과 대립에 아랑곳하지 않으시고 길을 재촉하셨다. 유다를 떠나 갈릴래아로 가시는데 굳이 버려지고 소외된 땅, 사마리아를 거쳐 가신다. 여인은 유다와 사마리아의 역사적 단절을 예수님이 뚫고 나오셨기 때문에 당황한다. 물을 달라는 예수님은 이미 일상 너머에, 예전에 체험하지 못한 '창조적 자리'를 만들어내셨다. 다시 목말라 길으러 와야 할 물이 아니라 영원히 목마르지 않을 물을 얻을 수 있는 자리, 그곳은 '하느님의 선물', 그리고 '살아 있는 물'의 자리였다. 예수님은 그 자리로 사마리아 여인을 초대하신다.

예수님이 말씀하신 물은 성령이었다(7,37-39 참조). 살아 있는 물로서 성령은 예수님을 믿고 받아들이는 이에게 주어지는 하느님의 선물이다. 예수님과 사마리아 여인의 관계는 '살아 있는 물', 곧 성령을 두고 역전된다. '물'을 찾는 이는 이제 예수님이 아니라 여인이다. 다시 목이 말라 찾을 물이 아니라 영원히 '살아 있는 물'을 달라며 사마리아 여인이 예수님께 다가선다. 예수님께 다가서는 여인의 행보를 따라가다 보면 예수님이 누구이신지 알아차리게 된다. 남편을 데리고 오라는 예수님의 말씀을 듣고 사마리아 여인은 그분을 '예언자'로 인식한다. 처음 예수님이 여인을 만났을 때 건네신 말씀이 실제로 이루어지고 있다. "네가 하느님의 선물을 알고 또 '나에게 마실 물을 좀 다오' 하고 너에게 말하는 이가 누구인지 알았더라면, 오히려 네가 그에게 청하고 그는 너에게 생수를 주었을 것이다"(4,10).

예수님을 예언자로 고백하는 사마리아 여인은 예배의 문제로 예수님과 이야기를 나눈다. 여인에게 예배의 자리는 그리짐산이었지만, 예수님에게는 달랐다. 예수님은 특정 장소나 건물, 혹은 특정 계급에 국한된 예배를 이야기하시지 않는다. 그분은 참된 예배의 공간을 '영과 진리 안'으로, 그 시간을 '바로 지금'으로 제시하신다. 요한복음서에서 '영과 진리'는 예수님을 가리키고, '지금의 때'는 하느님의 영광이 온전히 드러나는 예수님의 십자가상 죽음의 순간을 암시한다. 사마리아 여인은 예수님이 어떤 분인지, 자신에게 버젓이 물을 달라고 청한 이가 그리스도이고 메시아라는 사실을 아직 모른다. "그리스도라고도 하는 메시아께서 오신다는 것을 압니다. 그분께서 오시면 우리에게 모든 것을 알려주시겠지요"(4,25). 예수님은 그런 여인에게 말씀하신다. "너와 말하고 있는 내가 바로 그 사람이다"(4,26). 여인은 자기도 모르는 사이에 참된 예배의 대상이신 그리스도, 예수님을 만나고 있다.

"내가 바로 그다!" 이 단호한 자기 계시적 표현은 모세 앞에 나타난 하느님의 이름, 곧 야훼를 암시한다(탈출 3,14 참조). 예수님이 하느님이시고, 하느님께서 인간으로 이 세상에 오셨다는 선포가 "내가 바로 그다!"라는 외침 속에 녹아 있다. 참된 예배의 대상은 인간이 된 하느님이신 예수님이고, 예수님을 만나는 바로 '지금'이 참된 예배의 때다. 이 산이냐 저 산이냐, 아니면 이 민족이냐 저 민족이냐, 또 아니면 신자냐 아니냐의 문제는 일찌감치 내려놓아야 한다. 예수님을 만나는 이 순간이면 족하다. 그가 누구든, 예수님을 알든 모르든, 예수님은 그와 늘 함께 계신다. 이런저런 인간적 규정과 관습과 전통으로 하느님을 꾸미고 규정하려 들면, 자꾸만 하느님을 왜곡할 수 있다. 예수님을 찬미하고 찬양하고 싶은 마음이야 이해하지 못할 바는 아니지만, 요즘 우리가 구유에 모시는 구세주의 모습은 예수님이 왕관 쓴 왕자님이어야 한다는 일종의 강박증에 사로잡혀 있는 듯하다. 구유 예절의 주인공인 예수님을 거지꼴로 꾸며놓는 성당은 없지 않은가. 꾸미고 규정한 하느님, 그래서 인간적 인식과 이해의 깊이와 넓이에 꼭 맞아떨어지는 하느님이 아니라, 우리에게 너무 익숙한 나머지 별스럽지 않게, 때로는 하찮게 우리와 함께하시는 하느님을 기억할 순 없을까.

사마리아 여인은 고을로 가서 예수님에 대해 증언한다. "그리스도가 아니실까요?"(4,29) 이 말로 여인은 자신 앞에 나타난 예수님이 자신이 기다려 온 그리스도라는 고백에 거의 다다른 셈이다. 마을 사람들은 그 말을 듣고 예수님과 함께 머물기를 청하여 이틀이나 그분과 함께 머물렀다. 함께 머무는 것은 예수님과 마을 사람들을 믿음으로 함께 엮어내는 것으로 이어진다. '세상의 구원자'이신 예수님은 세상이 소외시키고 외면한 사마리아인들에게서 받아들여진다.

단절을 화합과 신뢰로 잇는 것은 예수님이 만들어놓으신 '창조적 자리'에 마음을 여는 일상의 긍정적 일탈로 가능하다.

우리가 진심으로 예수님을 만나고자 한다면, 일상의 무덤에서 몸을 일으켜 빠져나와야 한다. 나의 일상이 현실의 제도(그것이 종교든 정치든 그 무엇이든)에서 빗나가는 것을 두려워하는 이에게 예수님은, 그저 마셔도 다시 목마른 물일 수밖에 없다. 영원히 목마르지 않을 물을 찾기 위해서 나의 우물을, 나의 두레박을 던져버릴 용기를 가졌는가 묻지 않을 수 없다. 예수님을 아는 건, 현실의 외피를 뚫고 나와 무한한 상상에 설레는 이들에게 주어진 선물이다. 때로는 낯설고 힘겹더라도 그리스도인들이 이웃과 사회라는 그 새로운 세상에 마음을 열어야 하는 이유가 여기에 있다. 우리 서로는 '위험 물질'이 아니라, 사랑이라는 숙제를 기워 갚는 빚쟁이들이다.

10

참된 예수, 참된 신앙(4,43-54)

예수님을 믿는다고 고백하는 이들은 역사에서 수없이 많았고 앞으로도 많을 테다. 다만 예수님에 대한 개념이 뒤틀렸던 적 또한 수없이 많으니, 참된 예수님을 고백한답시고 세상에 생채기 낸 그리스도인도 적지 않다. 예컨대 교회는 성지 탈환을 목적으로 수많은 사람을 죽였고, 신앙을 지킨다는 미명 아래 마녀사냥을 자행하기도 했다. 이 모든 일이 참된 예수님을 따른다는 이들이 저질렀던, 그분에 대한 개념을 왜곡한 행태다. 어쩌면 예수님을 더 잘 믿겠다는 호기가 때로는 인간의 교만과 폭력으로 분하여 참된 신앙을 뭉개고 있는 게 아닌가 싶다.

왕실 관리의 이야기를 하기 전, 요한복음은 예수님을 반기는 갈릴래아 지역의 분위기를 언급한다. 공관복음서에서는 예수님을 예언자로 인식한 갈릴래아 사람들이 그분의 입바른 소리에 분개해 그분을 죽이려고 덤벼들기까지 했다(마르 6,1-6; 루카 4,16-30 참조). 하지만 요한복음서는 이러한 갈등을 비껴간다. 갈릴래아 사람들은 오히려 예수님을 반기며 맞아들인다. 이유인즉, 예수님이 축제 때 예루살렘에서 하신 행위를 보고 놀랐기 때문이다. 갈릴래아 사람들은 예수님을 예언자가 아니라 신기한 일을 하는 요술사로 맞아들인 셈이다. 죽이려 덤벼든 경우든 신기한 요술을 보려 맞이한 경우든, 둘 다 예수님을 잘못 생각하는 것이다.

왕실 관리는 갈릴래아 사람들처럼 자신에게도 믿기지 않는 신기한 일이 일어나길 간절히 바랐을 테다. 죽을 위험에 처한 아들을 살리기 위해 예수님은 믿음의 대상이 아니라 기적의 주체가 되어야만 했다. 예수님의 오심을 기적의 요행쯤으로 바라보는 왕실 관리와 갈릴래아 사람들에게 핀잔을 줘도 괜찮을 것 같은 생각마저 든다. 그럼에도 요한복음은 조금 다른 관점으로 우리를 안내한다. 예수님의 말씀부터 들어보자. "너희는 표징과 이적을 보지 않으면 믿지 않을 것이다"(4,48). 표징과 이적을 믿음의 문제로 연결시키는 이 말씀에서, 예수님은 그가 표징과 이적을 찾는다고 비판하지 않는다. 오히려 표징과 이적을 찾아 나서는 그 바람에서부터 믿음의 실마리를 끄집어낸다. 사마리아 여인이 마실 '물'에서 예수님이 여인의 믿음을 조금씩 이끌어낸 것과 같은 이치다. 믿음의 시작은 거창한 노력이나 도인의 고결함이 아니라, 신기한 것에 대한 단순한 호기심이나 현실의 무게 앞에 주저앉은 이의 간절한 바람으로도 가능하다. 믿음은 본래 그렇다.

왕실 관리 이야기에서 보여주는 예수님의 치유와 비슷한 이야기는 유다 전통에도 여럿 있다. 그중 하나가 이러하다. 라삐 가말리엘은 아들이 아프자 제자 둘을 라삐 하니나 벤 도사에게 보내어 아들을 고쳐달라고 청하였다. 하니나는 기도를 올렸고 그 시간에 가말리엘의 아들이 나았다고 한다. 유다 사회에서 표징과 이적은 신앙에 어긋나는 게 아니라 신앙을 북돋우는 도구로 인식되었고, 요한복음 역시 같은 맥을 짚어낸다.

믿음의 길을 보여주는 왕실 관리는 이방인이었다. 이방인에게는 예수님이 예언자인지 요술사인지, 아니면 메시아인지 중요하지 않다. 왕실 관리에게는 간절한 바람 하나만이 중요했다. "주님, 제 아이가 죽기 전에 같이 내려가주십시오"(4,49). 이 외침은 예수님이 카파르나움으로 움직이시길 바라는 간절함이었다. 그러나 예수님은 움직이시지 않는다. 오히려 그분이 왕실 관리를 움직이게 하신다. "가거라"(4,50). 이 말씀 한마디는 왕실 관리가 예수님을 만나 얻어낸 유일한 소득이다. 그 밖에 어떤 것도 필요하지 않다. '말씀 한마디', 그것이 왕실 관리에게 어떤 의미가 있었는지 우리로서는 도무지 알 길이 없다. 중요한 것은 왕실 관리가 예수님의 그 말씀 한마디로 움직이기 시작했다는 점이다.

예수님이 일으키신 표징이나 이적을 전혀 체험하지 못한 왕실 관리는 갈릴래아 사람들과 확연히 다르다. 축제 때 예루살렘에서 예수님이 보여주신 신기한 일에 현혹된 갈릴래아 사람들이 예수님을 맞이하는 것은 또 다른 신기한 일을 기대하는 구경꾼의 수준에서다. 반면 왕실 관리는 예수님의 '말씀 한마디'를 부여잡고 움직인다. 말씀 하나 달랑 들고 병든 아들에게 간다. 공관복음에는 이와 비슷한 백인대장의 종을 고쳐주신

이야기가 나온다. 그 이야기에서는 백인대장이 예수님께 보여준 믿음의 결과로 종이 낫게 되었다고 서술하지만(마태 8,10; 루카 7,9 참조), 요한복음은 왕실 관리의 믿음보다 그의 움직임에 집중한다. 왕실 관리가 마음으로 예수님의 말씀을 받아들였는지, 예수님을 참된 메시아로 인식했는지 모를 일이다. 다만, 왕실 관리는 움직였다. 그리고 발견한다. 아들이 나은 시각이 '가거라'라는 예수님의 말씀이 울려 퍼지던 바로 그때라는 사실을.

  신앙은 온전한 의탁, 또는 전적인 간절함이 만들어내는 실천적 움직임을 통해 도드라진다. 억지 신앙을 고백하면서 신앙이 아닌 것을 그렇다고 우기는 세상에서는 피의 보복이 악순환될 뿐이다. 예수님의 이름으로 또 다른 예수님을 죽인 우리 교회의 못난 역사가 그 사실을 뼈아프게 되새겨준다. 참된 신앙은 단순함 하나로 족하다. '말씀 한마디'를 듣고, 그것을 전부로 여기는 태도, 그것이 신앙이다. 이런 신앙은 삶의 언저리를 더욱 넓혀간다. 내 것을 우겨 내가 보고 싶은 것을 추구하는 이들의 신앙은 자신의 삶조차 죽이지만, 단순히 의탁하고 따르는 신앙은 삶의 언저리를 사람들로 붐비게 한다. 왕실 관리뿐 아니라 그의 온 집안이 함께 신앙의 길로 들어섰다는 사실이 이를 증명한다(4,53). 사도행전도 참된 신앙이 가정 공동체에 미치는 영향을 곳곳에서 보여준다. 코르넬리우스 집안이 그랬고(사도 10,34-48 참조), 리디아 집안(사도 16,15 참조), 필리피 간수의 집안(사도 16,31-34 참조)이 그러했다. 제대로 된 신앙 고백은 그 열매를 맺는 데 더디지 않다.

우리 교회가 과거에 예수님을 왜곡했던 이유는 예수님을 너무 복잡하게 해석했기 때문이 아닐까? 그저 '네' 한마디 하고 예수님처럼 살면 될 터인데, 예수님은 이렇고 저런 분이라고 강변하면서 무턱대고 자신의 신념을 내세웠기 때문이 아닐까? 지금도 우린 예수님을 찾는다. 육적이고 가시적인 예수님이 부재하는 이 시대에 예수님을 체험하는 건, 제 신념과 가치를 잠시 내려놓고 누군가 가라 하면 가고, 오라 하면 올 수 있는 마음의 여유를 더듬어보는 것이다. 오고 가다 보면, 예수님을 어렴풋하게나마 뵈올 수 있으리라 믿는다.

11

갇힌 믿음에서 열린 믿음으로(5,1-18)

중·고등학교 시절에 학원을 다닌 적이 있다. 기껏해야 영어·수학 학원이었고, 대개 학교에서 배우는 내용을 복습하는 수준이었다. 만일 지금의 광기 어린 사교육 현장을 그 시절 사람들에게 제안해본다면 어떤 반응을 보일까. "미쳤다", "애가 무슨 죄냐?"라고 비난하지 않을까. 프랑스 유학 시절, 같이 사는 프랑스 신부님들과 우리나라 고3 학생들의 하루 일과를 다룬 다큐멘터리 방송을 시청한 적이 있었다. 방송 내내 프랑스 신부님들의 반응은 이러했다. "울랄라! 미친 짓이다!" 왜 우리는 '미치게' 되었을까?

    사제인 내가 사교육 현장을 비판하면 '현실을 몰라서 그렇다'는 반응이 돌아온다. 그 이유는 간단하다. 아이를 낳아보지도 키워보지도 않았기 때문이란다. 자기가 낳고 키운 아이들을 입시 지옥에 밀어 넣고, 그 이유를 현실 때문이라 자위하는 부모들의 이유치곤 참 비겁하고 딱하다.

    예수님 시대에도 현실을 핑계로 비겁하게 사는 이들이 많았다. 아픈 이들이 많았고, '정상인'들은 그 아픈 이들을 대할 때 비겁했다. '정상인'들은 '비정상인'들을 죄인으로 취급했고, 그들과 접촉하고 소통하는 데 주저했다. 현실이 그렇다는 이유였다.

    아픈 이들에게는 희망이 없었다. 소외된 삶을 살다보니 스스로의 존재 가치와 이유를 내팽개치게 되었다. 어떻게든 '다른' 이가, '정상인'이 있어야만 살 수 있는 '현실'이 아픈 이에겐 '비현실적' 망상이었다.

    예수님이 병든 이에게 던지신 질문을 보자. 병든 이의 '원의'를 물으신다. "건강해지고 싶으냐?"(5,6) 병든 이는 대답한다. "못 속에 넣어줄 사람이 없습니다"(5,7). 낫고자 하는 의지는커녕 원의조차 가지지 못한 병든 이는 질병과 하나였고, 그것이 그의 전부였다. 있는 그대로의 자신을 잃어버린 그는, 아픈 채 머물고 머문 채 사라져가고 있었다. 그 세월이 38년이었다(이스라엘의 광야 체험 역시 38년의 세월을 필요로 했다. 신명 2,14 참조).

예수님의 말씀 한마디로 상황은 완전히 다른 국면을 맞이한다. "일어나 네 들것을 들고 걸어가거라"(5,8). 이 말씀은 병든 이의 원이나 의지, 혹은 청원에 의한 것이 아니다. 공관복음에서는 병든 이들의 간절함을 본 예수님이 치유를 베푸셨다. 요한복음의 예수님은 당신을 거부하는 세상에 끝까지 들어와 살이 되어 죽어가셨고, 그래서 '파견된 이'로 표현된다(1,14.18 참조). 단순히 하느님과 같은 분이라는 차원의 이야기가 아니다. 예수님은 뱀의 유혹에서와 같이 하느님처럼 되고자 하는 게 아니라(창세 3,1 이하 참조), '일'을 통해 하느님을 이 세상에 소개하는 분이시다. 예수님은 하느님을 드러내기 위해 움직였고 가르치셨다. 그것이 그분의 권위이자 권능이었다. 세상이 원하든 원치 않든 예수님은 이 땅, 이 어둠에, 하느님과 빛을 드러내는 데 삶을 온전히 봉헌하셨다.

예수님의 말씀은 현실에 억눌려 화석이 된 믿음을 열린 믿음으로 바꿔놓는다. 예수님의 치유에 이야기의 초점이 있다고 생각하기 쉽다. 그러나 이야기에서 치유와 관련된 표현은 구체적으로 드러나지 않으며, 공관복음에 흔히 등장했던 '네 믿음이 너를 구원하였다'라는 치유의 확인조차 절제되고 있다. 그저 그분 말씀 하나로, 현실이라는 감옥에서 서로 족쇄가 되었던 병든 이와 벳자타못의 지긋지긋한 연결 고리가 끊어진다. "가거라." 병든 이는 가야 한다. 그가 그 자신이기 위해서, 그가 그 자신으로 살기 위해서.

문제는 이런 기적이 일어나도 좀처럼 변하지 않고 '완고한 신앙'에 그대로 머물러 있는 사람들이 있다는 것이다. 대개 완고함은 문제에 대해 치열한 논쟁이나 고민을 비껴간다. 완고한 이들은 본래 문제의 핵심을 자신의 입장에 유리한 다른 문제로 가리거나 흩어버린다. 이를테면 벳자타못에 줄곧 머물며 치유를 바라던 이들 중 하나가 예수님을 통해 낫게 된 새로운 사건에는 아랑곳하지 않은 채, 케케묵은 그러나 여전히 포기할 수 없었던 안식일 논쟁을 끄집어내는 이들이 그렇다. 안식일 논쟁은 예수님과 당시 기득권 세력 간의 주요 다툼 중에 단연 최고였다(마태 12,1-14; 마르 2,23-3,6; 루카 6,1-11 참조). 종교적 시간에 얽매여 있는 종교 지도자들은 시간 너머 태초부터 계셨던 하느님인 예수님을 알아보지 못한다. 시간 속에 갇혀, 하느님과의 연결 고리라는 안식일의 본디 의미를 도무지 찾지 못한다(탈출 31,12-14 참조). 하느님이 당신의 일을 보여주셨는데도, 인간은 하느님의 계명을 핑계로 하느님을 밀어낸다. '믿는다', '믿고 보고 깨닫는다' 하면서, 자신의 기존 가치를 합리화하는 데 급급한 게 사람이다. 사람이란 늘 그렇게 완고하다. 사람의 성숙도는 좀 더 값지고 훌륭한 것을 얼마나 체득하느냐가 아니라, 다르고 새로운 것에 얼마만큼 열려 있느냐에 따라 그 값이 매겨지는 법이다.

병든 이가 성전에서 예수님을 만나는 장면에서 안식일 논쟁의 본질적 허구가 드러난다. 안식일에 하지 말라는 것을 행한 이유와 그 책임에 대해 병든 이는 맞서야 했다. 예수님이 오셔서 무엇이 새로워졌는지 그분이 누구인지, 병든 이는 이야기해야만 했다. 그러나 그는 기존 사회의 완고함에 맞설 용기가 없었다. 대개 일상을 살아가는 소시민들이 그런 것처럼. 병든 이는 치유의 이유와 책임을 예수님께 떠넘긴다. 배운 사람이든 아니든 율법과 전통과 법을 들고 나오는 이들의 한계는 사람을 먼저 찾지 않는다는 점이다. 법과 전통으로 사람을 재단함으로써 진짜 그 사람이 누군지, 한 사람 안에도 수천수만의 다양한 가치와 생각이 있음을 따져보지 않는다. 법을 들먹이는 사람들이 전체주의적 사고에 쉽게 젖어드는 이유가 여기에 있다. 그들은 '절대'를 외치지만, 결코 '절대'일 수 없는 상대적인 것들에 안절부절못하는 모습이 처연하다.

예수님은 사람을 먼저 '찾으신다.' 당신이 직접 '찾아 나서신다.' 성전에서 병든 이를 먼저 보고 찾은 분은 예수님이셨다(5,14). 나타나엘의 경우가 그랬고(1,48), 태어나면서부터 눈먼 이의 이야기에서도 예수님이 먼저 찾으신다(9,35). 그럼에도 병든 이는 여전히 예수님을 모른다. 하느님은 늘 우리와 함께 계시나, 그 만남을 깨닫는 것은 더디기 마련이다(루카 17,17-18 참조). 하느님은 예나 지금이나 줄곧 일하신다(요한 5,17). 그러나 인간은, 하느님이 쉼 없이 일하신다는 사실을 수시로 잊어버린다. 인간이 세워놓은 전통과 그것으로 규정하는 현실이 지금 여기에서 너무나 막강하게 작동되기 때문이다. 전통과 현실을 핑계로 하루하루 흘러가듯 안온히 살아가는 사람들에게 예수님은 거부되고 소외된다. 예수님은 현실에 함께 계시나, 인간은 그 현실을 예수님 없이 살아가는 데 너무 익숙하다.

'현실이 그렇잖아!'라는 말만큼 신앙에 위협적인 말은 없으리라. 고작 이 현실에 적응하려고 수고롭게 신앙을 갖는 것이라면, 우린 참 서글프지 않을까. 그리스도인은 현실의 견고한 벽 속에서 꿋꿋이 제 삶의 고유한 정체성을 살아낸 사람들이다. 현실을 이유로 아픈 사람 외면하고 우는 사람 회피하면서, 그리스도인이라며 더 큰 희망과 기쁨만을 찾아 나서는 우리의 가벼움이 예수님을 박해하고 있는 것은 아닐까.

12

부전자전(5,19-30)

'정말로, 진짜로'라는 말을 이탈리아어로 하면 '체르토(Certo)'다. 이탈리아 사람들은 말 중간중간에 '체르토'를 양념 치듯 뿌려 댄다. 듣는 이가 대수롭지 않게 듣거나 미심쩍어 하면 '체르토'가 가히 폭풍처럼 듣는 이의 귓가를 파고든다. 그래서 이탈리아에서 대화할 때는 늘 긴박하거나 쫓기는 듯 힘들었다. 반면, 프랑스에서는 달랐다. '내 생각에는', '내 짐작에는'이라는 말이 앞선다. '분명하다, 정말이다'라는 말을 좀처럼 쓰지 않아, 듣는 이가 판단하고 믿게끔 여유를 준다.

요한복음에서 예수님은 '아멘, 아멘'이란 말을 자주 쓰신다. '진실하다, 확고하다'라는 의미를 지닌 '아멘'은 요한복음의 상투적 표현이다. 예수님은 당신의 입장을 견지하거나 강변하려고 이 말을 쓰시는 게 아니다. 요한복음에서 예수님은 당신을 '파견된 존재'로 소개하신다(5,19 참조). 파견된 이는 파견하신 아버지에게서 보고 들은 것을 그대로 전할 뿐이다. 예수님 말씀의 진실성과 확고함은 아버지 하느님에 대한 아들 예수님의 신앙 고백과도 같다. 예수님은 자신을 드러내거나 자기 주장을 관철하려는 사적 욕망으로 허튼소리를 하는 분이 아니다. 그분은 아버지가 당신으로 말미암아 이 세상에 온전히 드러나신다는 사실을 '아멘, 아멘'으로 끈질기게 강조하신다.

아들은 아버지라는 존재를 통해, 아버지는 아들이 존재함으로 상생한다. 서로가 서로에게 향하고 의탁하기에 아버지와 아들이라는 호칭은 서로를 깨우치고 서로를 드높인다. 아들이 아버지를 이 세상에 온전히 드러낼 수 있었던 것은 아들의 겸손으로 가능한 것이었지만(5,19 참조), 아들의 낮춤에는 아버지의 낮추심 또한 숨겨져 있음을 기억해야 한다. 아버지는 몸소 당신이 움직이시지 않고, 아들을 통해서만 세상에서 일하신다. 아버지는 아들을 통해 절제를 보여주시고 아들은 아버지만을 드러내기 위해 자신을 절제한다. 우리는 이 둘의 절제를 사랑이라 부른다. 사랑으로 하나 된 내적 친밀성은 아들 예수님과 아버지 하느님 사이의 거리를 없애준다. 서로가 닮아서 하나가 된다(콜로 1,15; 히브 1,3 참조).

아버지가 아들을 통해 원하시는 건, 아버지의 생명을 세상이 함께 나누는 것이다. 아버지는 원래 생명의 원천이셨고(창세 2,7 참조), 생명을 주는 분이셨다(신명 32,39 참조). 요한복음의 예수님도 마찬가지다(1,4; 참조 2코린 5,17). 예수님은 병든 이를 낫게 하고(5장), 눈먼 이를 치유하며(9장), 라자로를 살리시는 것으로(11장) 당신 안의 생명을 구체적으로 드러내셨다. 예수님에게 생명이 있다는 것은 그분이 아버지의 신적 속성을 똑같이 누리고 있다는 방증이다(1,4; 5,26; 1요한 5,11 참조).

생명의 가치는 심판의 순간에 또렷하게 드러난다. 심판은 선악의 실천에 따른다(5,29 참조). 선한 것을 행하면 보상을 받으리라는 도식은 예로부터 유효하고 분명했다(욥 34,11; 시편 28,4; 62,13; 잠언 24,12; 마태 16,27; 로마 2,6; 1코린 3,8 참조). 하지만 우리는 심판이라는 말을 악에 대한 단죄와 처벌의 관점으로 사유함으로써 근거 없는 두려움에 매몰되는 경우가 많다. 심판이 늘 나태한 일상을 꾸짖는 채찍으로 작용하는 까닭이다. 아들 예수님의 심판은 다르다. 아들이 생명을 갖고 있고 생명이신 아버지를 꼭 빼닮았다면, 심판의 이유와 목적은 단연코 생명이어야 한다. 생명으로 초대하는 것이 예수님의 심판이다. 그런 이유로 우리는 이 구절을 되도록 자주 곱씹어야 한다. "내 말을 듣고 나를 보내신 분을 믿는 이는 영생을 얻고 심판을 받지 않는다"(5,24). 예수님의 입장에서 심판은 당신과 아버지, 그리고 믿는 이들이 함께하는 만남의 잔치다.

만남의 잔치에 합당한 자세는 '듣는 것'이다. 우리는 '들어야 한다.' 그것으로 생명을 얻어야 한다. 복음은 듣는 이들을 통해 이 세상에 울려 퍼진다. 듣는 행위는 '듣고 싶은 것을 듣는' 데서 '듣기 싫어도 듣는' 데로 나아가는 자기 해방의 지난한 여정이기도 하다. 수없이 많은 소리와 말을 매일같이 듣고 있어도 인간은 취사선택하여 듣는 데 익숙하다. 예수님이 아버지 하느님의 말씀과 행업을 이 세상에 보여주실 수 있었던 것은 열린 마음으로 듣고, 있는 그대로 듣고, 빠트리지 않고 들으셨기 때문이다. 듣는 행위를 통해 우리는 예수님을 닮아간다. 들음은 예수님의 생명을 그려나가는 데 필요한 밑그림이다.

　우리의 삶에서 가장 힘든 것은 대개 서로 듣지 않는 단절을 겪을 때가 아닌가 싶다. 말하고 싶고 듣고 싶어도 더는 말할 수도 들을 수도 없는 시간이 분명 찾아온다. 죽음. 그 순간 우리는 모든 것을 멈추어야 한다. 예수님은 죽음이라는 극단적 단절 너머에서 우리 모두를 초대한다(5,28). 태초에 인간은 죽음을 몰랐으나 죽음을 알고 난 후, 생명은 죽음 앞에 처절히 짓밟혔다. 에제키엘 예언자는 진정한 이스라엘의 회복을 마른 뼈가 살아 움직이는 것으로 묘사했다(에제 37장 참조). 죽음을 이기는 것, 단절을 극복하는 것, 그것이 생명의 회복이다. 태초에는 생명만이 있었다. 죽음은 생명의 대립으로 존재했던 게 아니라, 생명을 거부한 이들의 완고함이 빚어낸 참극이었다. 예수님의 등장으로 생명과 죽음은 '힘의 경쟁'에 따른 이분법적 대립을 끊어낸다. 예수님으로 말미암아, 죽음은 생명으로 재탄생한다. 예수님의 말씀 안에 모두가 부활하여 새로운 실재實在로 서 있게 되었다(5,29). 인간은 비로소 생명 안에서 아버지와 아들의 '한' 목소리를 듣게 되었다.

　'사람의 아들'은 이런 논리를 상징하는 데 적격이다. 사람의 아들은 죽어가는 약함과 무소불위의 강함을 동시에 드러내는, 유다 신앙이 곱씹어온 구원의 상징이다(시편 8,5-6 참조). 사람이기에 약하나(히브 4,15 참조), 그가 하느님의 사람이기에 또한 강하다. 약함과 강함이 사람의 아들의 형상 안에 하나로 얽혀 있다. 사람의 아들이신 예수님은 우리 인간을 알고 하느님을 안다(1,18 참조). 예수님 안에서 인간과 하느님이 조우하고, 모순과 대립 개념이 사라진다. 흑과 백이, 죽음과 생명이, 그리고 인간과 신이, 지금 이 시간 한자리에서 하나로 살아 숨 쉬는 건, 오로지 사람의 아들 예수님 덕분이다.

부전자전…. 볼 수 없고 만질 수 없던 하느님 아버지가 이 세상에서 당신의 모습을 빼닮은 예수님을 통해 살과 피가 되셨다. 아들 예수님은 아버지를 온전히 담아내기 위해 아버지를 보고, 아버지를 들으실 뿐이다. 그 외에는 아무것도 하려 하지 않으셨고, 하고자 하는 것은 반드시 아버지의 뜻에 닿고야 말았다(5,30). 예수님의 인간적 생명 안에 하느님의 신적 생명이 스며들어 하나가 된다. 생명이란 게 별건가. 서로 닮고 서로 함께하는 것이 설렐 때, 그래서 사는 게 맛나고 기쁨이 될 때, 그때 생명은 인생 도처에 스며든 선물 그 자체인 것을.

13

사랑하면 될 터인데…(5,31-47)

한때 한국사 교과서를 국정으로 전환한다는 방침에 정치권은 물론이고 학계와 시민 사회가 시끄러웠다. 많은 이가 관심을 보였고 저마다 국정 교과서에 대한 '올바른' 입장을 내놓기 바빴다. 국정 교과서에 대해 비판적 입장이었던 나는 '이건 아닌데' 싶은 생각이 들다가도, 이런 현상 역시 다양한 인간이 얽혀 살아가는 역사의 한 조각이라는 사실을 어렵사리 받아들였다. 과거의 역사를 이야기하는 것은 어렵지 않다. 하지만 이해관계가 실타래처럼 얽힌 현재에 대해 이야기하자면 핏기 어린 아우성으로 내 편 네 편을 가르며 폭력적이 되곤 한다. '역사'를 뜻하는 'history'는 그리스어 '히스토르(ἵστωρ)'에서 왔다. 뜻은 '판단하다, 조사하다' 정도로 요약된다. 역사는 받아들이고 판단하는 해석 주체들이 내놓는 다양한 의견의 조합 또는 대립을 통해 제 속살을 드러낸다. 그래서 역사를 이야기하는 건 늘 시끄럽고 야단스럽다. 그게 역사다. 우린 지금 또 다른 역사를 만들어가는 중이며, 그 책임은 전적으로 지금 이 시간을 살아가는 우리의 몫이다.

그 시대에 함께 살던 사람들에게 예수님이 하신 말씀은 새로운 역사를 새겨나갈 해석의 대상이었다. 그들이 알지 못하고 듣지 못했던 하느님이 세상 한가운데서 예수님의 말씀과 일로 드러나고 있었다(5,36). 유다인들은 이 역사를 적대적으로 해석하고 판단하였다(5,42). 예수님은 그런 유다인들을 이해할 수 없었다. 자신들이 신줏단지 모시듯 대하는 모세의 가르침과 성경이 예수님에 대해 증언하고 있음에도, 유다인들은 이 사실을 깨치지 못한 채 적대감만 드러냈다(5,46). 예수님이 다른 하느님으로서 이 세상에 오신 것이 아니라 유다 전통이 되새겨온 한 분 하느님으로서 이 세상에 오셨다는 사실을 유다인들은 받아들이기 힘들었다.

아버지와 예수님은 다른 분이 아니다. 같은 분으로서 서로의 다름에 대해 증언하신다(5,32). '다르다'는 뜻의 그리스어 형용사는 두 가지이다. 같은 종의 다름을 가리킬 때는 '알로스(ἄλλος)'를, 서로 다른 종의 차이를 가리킬 때는 '헤테로스(ἕτερος)'를 사용한다. 예수님이 증언하는 다른 분, 곧 하느님 아버지를 가리킬 때 요한복음은 '알로스'를 사용한다. 예수님이 당신을 증언할 다른 이를 언급하시는 것은, 실은 당신이 하느님으로 이 세상에서 증언하고 있다는 사실을 내포한다.

같은 분이 굳이 다른 분을 통해 증언해야 하는 이유는 유다 전통에서 기인한다. 유다 전통은 자기 자신에 대해 스스로 증언하는 것을 인정하지 않는다. 적어도 둘이나 셋의 증언을 통해야 자신의 입장을 정당화할 수 있다(민수 35,30; 신명 19,15 참조). 예수님이 들려주신 말씀과 보여주신 행동은 하느님에 대한 증언이었고, 그것은 또한 하느님 아버지가 예수님을 증언하시는 방식이기도 했다. 요컨대, 예수님은 하느님 아버지를 통해 정당성을 얻고 하느님 아버지는 예수님을 통해 공증된다.

하느님과 예수님이 하나로서 서로를 증언하는 이야기는 이스라엘 역사와 율법, 또 예언자들을 통해 줄기차게 선포되었다. 요한복음은 그 이야기를 한 문장으로 쉽게 정리한다. "하느님께서는 세상을 너무나 사랑하신 나머지 외아들을 내주시어, 그를 믿는 사람은 누구나 멸망하지 않고 영원한 생명을 얻게 하셨다"(3,16). 하느님은 태초부터 세상을 사랑하셨고, 예수님을 통해 그 사랑을 완성하셨다. 하느님과 그 아들 예수님의 완전한 일치는 한결같은 사랑의 증언인 셈이다.

유다인들은 예수님이 보여주시는 하느님의 사랑을 등진 채 여전히 어둠에 머무른다. 하느님 아버지의 목소리와 모습이 지금 이 자리에 있는 예수님을 통해 들려오고 보이는데도 유다인들은 두 눈을 꼭 감고 두 귀를 닫은 채, 하느님에 대한 무지를 자기들끼리 주고받는 편협한 앎으로 드러낸다. 이유인즉 이렇다. "자기들끼리 영광을 주고받으면서 한 분이신 하느님에게서 받는 영광은 추구하지 않으니, 너희가 어떻게 믿을 수 있겠느냐?"(5,44) 마음이 없다는 얘기다. 유다인들의 역사는 늘 하느님과의 관계 안에서 그려지고 다듬어졌다. 그럼에도 그들에게 하느님을 받아들일 마음이 없는 건, 절대 타자이신 하느님을 잘 알고 있다는 지적 허영 혹은 습관적 교만 때문이다. 허영과 교만은 대개 삶의 익숙함과 그 익숙함이 빚어내는 지루함에서 시작된다. 예수님은 전혀 낯선 모습으로 유다인들에게 나타나신 게 아니다. 유다 사회 안에 살아가는 유다인 중 한 사람이었으며, 그 사람이 유다 사회가 갈망하고 기다려온 하느님이라는 사실을 증언하고 있을 뿐이다. 유다인들은 하느님을 받아들이지 않은 게 아니라, 하느님은 '이래야 한다'는 익숙함을 거부하지 못했다. 삶의 익숙함이 새롭게 찾아오시는 하느님보다 더 소중했기 때문이다. '현실이 그렇잖아'라고 되뇌며 신앙의 가치를 실천하는 데 주저하는 우리 모습에서 유다인들의 불신을 보게 된다. "너희는 또 그분의 말씀이 너희 안에 머무르게 하지 않는다. 그분께서 보내신 이를 너희가 믿지 않기 때문이다"(5,38).

유다인들은 성경을 통해 '간접적'으로 하느님을 만났다. 성경이라는 '책'에 드리운 저들만의 특출난 해석으로 특정 계급을 형성한 사제들과 율법학자들은 하느님을 실제 삶에서 밀쳐냈다. 하느님을 믿고 바라긴 하지만, 실제 삶에 오셔서는 안 된다는 게 그들의 태도였다. 하느님이 직접 오시면, 하느님과 백성을 중재하며 하느님을 간접적으로 제시했던 사제와 율법학자들이 더는 필요치 않으니까. 하느님과 한 분이신 예수님은 백성들 삶에 직접 찾아오셨고 함께 머무셨다. 요한복음은 '메노(μένω)', 곧 '머물다'라는 동사를 자주 사용한다(5,38). '메노'는 인격적 관계의 내적 일치를 가리키는 말로, 지속적 인내와 봉사로 다른 존재와 '함께 머무르는 것'을 의미한다. 요한복음에서는 아버지와 아들, 아들과 믿는 이들의 내적 일치를 표현하는 데 '메노'가 사용된다(10,38; 14,10; 14,20; 15,7). 인격의 내적 일치는 적당한 공부와 지식의 축적으로 이루어지지 않는다. 인격에 대한 이해와 인격체 간의 친교는 피땀이 뒤섞인 저잣거리의 애환 속에 더욱 뚜렷해진다. 인격은 직접적 삶의 체험, 곧 함께 머무르는 일로 다듬어지고 가꾸어진다.

제2차 바티칸 공의회 개막 연설에서 교황 요한 23세는 이렇게 말했다. "교회는 시대의 잘못을 매우 엄격하게 단죄해왔습니다. 그러나 오늘날 그리스도의 신부는 엄격함의 무기로 협박하기보다 자비의 치유로 다시 돌아가야 합니다." 사랑하면 될 터인데, 그게 어렵다. 이런저런 지식의 총체 안에 난해한 개념들을 무기 삼아 하느님을 이해한들 그게 무슨 소용일까. 성경은 공부의 대상이 아니라 삶 그 자체라는 명제 앞에 우리는 얼마나 떳떳할까. 행여 공부한 것에 기대어 하느님에 대한 '가장 난잡한 무지'를 드러내는 건 아닐까. 굽은 등으로 성당에 홀로 앉아 외로이 묵주를 굴리는 할머니의 뒷모습에서 하느님께 나아가는 길과 진리와 생명을 발견할 순 없을까. 하느님을 만나는 일에 교과서적인 삶은 애당초 존재치 않는다. 다만 어찌 살아가든, 삶 그 자체에 하느님은 늘 함께하신다. 사랑하면 될 터인데, 어찌 사랑할까 고민하다 진짜 사랑을 놓치는 일, 그만하면 안 될까.

14

상상하라!(6,1-15)

청년들이 힘들어한다. 3포 세대니, 7포 세대니 온통 절망과 포기의 아우성만 그들 속에 난무한다. 금수저와 흙수저의 갈등과 대립을 버젓이 용인하는 현실은 청년들의 희망을 애당초 거부하고 짓누른다. 청년들은 기성세대가 저질러놓은 현실의 처참함을 어떻게든 버텨보려 하지만, 어른들은 '아프니까 청춘'이라는 잔인한 논리를 들이대며 현실을 외면한다. 무엇이 잘못된 것일까.

 예수님이 오천 명을 먹이시는 이야기는 '돈'을 벌기 위해 치열한 경쟁 논리가 당연시되는 현실에서 나눔과 연대의 정신이 무엇인지 우리에게 묻는다. 제자들과 함께 산에 올라 자리를 잡고 앉으시는 예수님의 모습에서 하느님의 법을 받으러 시나이산에 오르는 모세를 떠올리게 된다. 예수님은 돈의 논리가 아니라 '나눔'의 논리를 가르치려 산에 오르셨고, 모세의 권위로 똘똘 뭉친 유다의 기존 질서에 '나눔'이 가져다주는 감사와 풍요로움에 대해 가르치려 하신다.

예수님이 주도하시는 교육 방법은 '시험'을 통해서다. 그분이 필립보에게 던진 말씀은 하나의 선택을 불러일으킨다. '시험하다'는 뜻의 그리스어 '페이라조(πειράζω)'는 예수님이 광야에서 악마에게 시험받으실 때도 사용된 동사다(마태 4,1 참조). 그때 예수님은 악마의 유혹을 단호히 견뎌내셨고 하느님의 뜻에 반하는 세상의 화려함을 하느님에 대한 전적인 신뢰로 이겨내셨다. 어쩌면 예수님은 세상으로부터 자유롭지 않으셨을까. 세상의 화려함에 굴복하면서 남과의 비교 우위에 젖어 있는 우리 일상의 풍경은 예수님의 시험 풀이와 결이 다르지 않을까. 빵의 이야기가 파스카 축제와 가까운 때를 시간적 배경으로 삼는 건 우연이 아니다. 요한복음은 세 차례에 걸쳐 파스카 축제를 언급한다(2,13; 6,4; 11,55; 13,1 참조). 파스카의 의미는 명확하다. 이집트 탈출 사건을 기념하는 파스카 축제는 해방과 자유의 가치를 이스라엘 민족 안에 확고히 심어놓았다.

해방의 시간에 예수님은 '먹는 이야기'를 하신다. 먹고 마시고 일하고 잠자는 일상의 '필요'를 통해 예수님은 필립보를 교육하신다. 필립보는 세상의 '필요'에 꽤나 충직했다. 큰돈이 있어야만 모두 먹일 수 있다고 미리 '계산'하는 필립보. 그는 세상 이치에 밝았고, 그의 계산은 정확했다. 안드레아는 어떨까. 보리빵 다섯 개와 물고기 두 마리, 그 음식은 수많은 군중에게 턱없이 부족한 양이기에 안드레아에게 있으나 마나 한 음식이다. 없는 것이나 마찬가지다. 계산이고 뭐고 가당찮은 양의 음식을 안드레아는 무시한다. 굳이 필립보와 안드레아를 탓하지는 말자. 이 두 제자의 말은 너무나 합리적이고 타당하다. 다만, 예수님의 계산과 달랐을 뿐이다.

예수님의 질문은 이렇다. "저 사람들이 먹을 빵을 우리가 어디에서 살 수 있겠느냐?"(6,5) 이 말씀에서 중요한 것은 '어디에서'라는 부사다. 요한복음은 13회에 걸쳐 '어디에서'라는 뜻을 지닌 그리스어 '포텐(πόθεν)'을 사용한다. 대개 예수님의 신적 정체성을 묻는 데 사용되는 '포텐'은 예수님을 통해 새로운 세상을 꿈꾸도록 우리를 이끈다(19,9 참조). 현실의 삶을 하느님의 관점으로 새롭게 읽어내는 지점에 '포텐'의 의미가 담겨 있다.

예수님을 통해 제시되는 하느님의 관점은 현실의 정당한(?) 계산을 거슬러 감사와 나눔에 안착한다. 보리빵 다섯 개와 물고기 두 마리. 보리빵은 가난의 상징이었고, 물고기 두 마리는 군중의 수보다 턱없이 모자란 것이었다. 군중이 배불리 먹은 것은 물리적 양에 비례하는 게 아니라, 결핍이 있음에도 감사와 나눔이 풍성했다는 사실을 방증한다. 결핍의 자리에서 풍성함이 나올 수 있었던 건, 오로지 예수님의 '자유로움'에 기인한다. 세상적 가치 판단의 굴레에서 벗어날 수 있는 자유, 말하자면 적은 것에서도 최고의 가치를 발견할 수 있다는 비현실적 상상이 풍성함의 근원이다.

상상은 허무한 게 아니다. 오히려 우리 삶을 풍요롭게 한다. 꼬마 시절 로봇으로 대변되는 미래에 대한 상상이 지금에 와서 현실이 되듯, 현실은 과거 속 상상의 결과다. 상상과 꿈과 희망이 현실이란 이름으로 짓밟힌 시대, 취업을 못하고 돈이 없는 것을 개인의 탓으로 돌리는 기막힌 현실은 어쩌면 상상하지 않고 시대의 노비로 살아가는 이들의 비겁함이 빚어낸 결과가 아닐까. 상상을 해야 현실이 풍요롭다. 대개 사람들은 현실의 논리를 좇는 걸 상식이라고 생각하는 버릇이 있다. 그 버릇은 현실을 모든 판단의 근거이자 삶의 척도로 만들어버리는 세뇌 작업으로 이어진다. 대기업에 취업해서 돈을 많이 벌면 행복하고 성공한 삶이므로 그가 어찌 살든 '그만하면 훌륭하다'고 말하는 게 한 예다. 예수님은 적은 것, 소박한 것, 부족한 것을 풍요롭게 만드셨고, 그것에 감사할 줄 아셨으며, 그것으로 나눌 줄 아셨다. 필립보와 안드레아가 이백 데나리온 이상의 세상적 가치에 골몰해 있을 때, 예수님은 이 세상이 이해하지 못하는 또 다른 세상의 가치를 우리에게 보여주신다.

예수님이 보여주신 빵의 이야기는 엘리사가 보리빵 스무 개로 백 명을 먹였다는 이야기와 짝을 이루어 읽히곤 한다(2열왕 4,42-44 참조). 하찮은 음식으로 많은 이를 배 불렸다는 이 두 이야기에는 현실의 장벽을 뛰어넘는 자유로움이 돋보이고, 그 자유로움 안에 하느님께서 복을 베푸셨다는 사실이 강조된다. 요컨대 빵의 기적 이야기는 인간의 현실적 한계에도 불구하고 하느님의 강복이 지속된다는 사실을 일깨운다. 예수님이 빵을 들고 감사를 드린 건 하느님의 강복에 대한 감사이고, 예수님이 빵을 나누신 건 그 감사가 나눔과 연대의 정신으로 세상에서 펼쳐져야 한다는 실천적 가르침이다. 감사를 표현하는 말로 요한복음은 다른 복음과 다르게 '에우카리스테오(εὐχαριστέω)'를 쓴다. 이 동사는 1세기 말, 초대 그리스도교 공동체에서 벌어지는 성찬례를 떠올려준다(마르 14,22-26; 1코린 11,23-25 참조). 이를테면 성찬례는 감사를 통해 하늘의 복을 풍요롭게 되새기는 일이다.

현실은 늘 어렵다. 그러나 그 속에서도 누구보다 안정적인 처지에 있는 사람들은 어려운 상황을 오히려 즐긴다. 청년들을 경쟁의 사지에 몰아넣고 안정 속에 웃을 수 있는 사람들은 소위 '가진 자'다. 우리나라 100대 기업에서 운영의 책임을 진 이들은 4%이나 그들이 가져가는 이익은 전체의 60%가 넘는다고 한다. 이런 사회는 정상적이지 않다. 더 움켜쥐려는 이들만의 세상은 비우고 감사하는 데 인색하다. 비우고 감사하면 바보로 취급받기 때문이다. 우리에게는 의식을 바꿀 '교육'이 필요하다. 돈만 벌고, 가진 자를 닮아 나도 그 대열에 합류하고 싶다는 세뇌 장치를 뜯어고칠 교육이 필요하다. 돈이 없어도,

이 사회에 함께 살아가는 이웃이라면, 함께 나누어 먹고 마실 수 있는 자격이 있음을 깨쳐야 한다. 정서적으로는 사랑하자, 잘들 이야기하지만, 경제적으로는 십 원 한 장에 인색한 우리가 빵의 나눔을 감사한다는 건, 부끄러운 일이다. 이사 55,1은 이렇게 말한다. "자, 목마른 자들아, 모두 물가로 오너라. 돈이 없는 자들도 와서 사 먹어라. 와서 돈 없이 값 없이 술과 젖을 사라." 돈 없이 값 없이 먹고 마실 수 있는 사회, 그런 세상을 만들기 위해 그리스도인은 오늘도 일하는 것이다.

15

보고 듣는다는 것(6,16-21)

정치란 참 지루하고 피곤한 일인 듯하다. 서로의 이해관계에 따른 프레임 싸움은 사실 관계에 입각한 정상적이고 논리적인 공식을 애당초 불가한 것으로 만들어버린다. 이 논리 저 논리 다 끌어와 애써 만들어내는 그들의 주장은 진리의 셈법을 붕괴시킨다. 그리곤 늘 '국민의 뜻'이라는 정답이 자기들에게만 있다며 철없는 생트집을 잡는다.

중요한 건, 변치 않는 신념을 붙잡는 일이다. 민주주의 사회란 다양한 신념의 공존을 슬기롭게 다듬고 엮어내는 곳이 아닌가. 신념은 판타지가 아니다. 보고 싶은 것만 보고 듣고 싶은 것만 듣는 것에 길들어, 진리와 사실을 있는 그대로 보지 못하면 신념이 성립되지 않는다. 신념은 제대로 보고자 늘 깨어 열려 있는 노력을 요구한다. 이 노력은 대개 낯설고 모호한 것에 대한 두려움에 맞닥뜨리지만, 이를 극복하고 나면 더욱 단단해지고 농익어 저마다의 체계적이고 합리적인 논리로 거듭나기 마련이다.

지금 우리가 읽는 요한복음의 한 대목이 저마다의 신념을 다시 한번 되짚어보는 데 소용되길 바란다. 고쳐 말하자면, 예수님에게서 도대체 무엇을 보고 있는지 반문하는 기회가 되길 바란다. 빵의 사건 이후 예수님은 '홀로' 다시 산으로 물러가셨다(6,15 참조). 빵을 함께 나누던 예수님이 제자들과 헤어지는 모습은 꽤나 인상적이다. 제자들은 호수로 내려가 건너편 카파르나움으로 향한다. 빵을 놓고도 세상의 논리와 하느님의 논리가 부딪쳤는데, 공간상으로도 상반된 움직임이 예수님과 제자들을 더욱 갈라놓는 형국이다.

시간적 배경 역시 갈라짐을 더욱 도드라지게 한다. 복음의 시간적 배경은 '어둠'이다. 어둠을 가리키는 그리스어 '스코티아

(σκοτία)'는 '빛의 부재'를 의미한다. 요한복음에서 빛은 예수님을 가리키는 데 반해, 어둠은 예수님에 대한 몰이해나 거부를 드러내는 표징으로 작용한다(1,5; 3,2; 13,20 참조). 예수님이 어렵사리 노질을 하는 제자들에게 다가선 시간은 어둠의 때가 아니었다(6,17ㄴ). 어두운 밤의 항해는 예수님을 받아들이지 못하는, 아니면 예수님을 보고도 이해하지 못하는 제자들의 몰이해를 상징한다.

예수님 없는 항해는 혼란스럽다. 큰 바람과 호수의 높은 물결은 제자들을 두렵게 한다. 두려움을 무턱대고 부정적으로 생각하지는 말자. 구약성경의 전통에 따르면 하느님 앞에서 두려워하는 것은 당연했다. 하느님을 만났을 때, 사람들은 두려워했다(탈출 3,6; 판관 6,22; 이사 6,5; 묵시 1,17 참조). 두려움이 가져다주는 것은 침묵과 절제다. 신 앞에 나약한 존재로 서 있음을 고백한다는 것은 그분 앞에서 어떤 말과 행위도 의미 없음을 전제하는 일이다. 결국 두려움 앞에 선 인간의 유일한 자세는 침묵과 절제로써 신의 다스림에 오롯이 귀의하는 전적인 의탁이다.

제자들이 노를 저어 스물다섯이나 서른 스타디온(στάδιον)쯤 건너갔다는 사실에서 두려움을 극복하려는 인간적 애환을 느낀다. 한 스타디온이 190미터 정도이니 4.7킬로미터 또는 5.7킬로미터 거리는 족히 나아간 것인데, 제자들이 두려움을 이겨내려 애쓰는 것이 역설적이게도 예수님에게서 점점 더 멀어지는 결과를 초래한다. 인간적 노고가 예수님을 있는 그대로 바라보고 이해하는 데 지장을 줄 수 있다는 점을 일상의 신앙생활 속에서 늘 되짚어 반성하고 묵상해보아야 한다. 제자들이 예수님을 보고 유령을 만난 듯 놀라는 건, 제자들의 노고 속에 예수님이 애당초 존재하지 않았다는 방증이다. 노를 젓는 제자들에게 예수님은 없었다. 항해의 혼란 속에 예수님은 부재했다.

"나다. 두려워하지 마라"(6,20). 예수님의 이 말씀을 두고 거친 물결을 헤치고 나아가는 제자들의 노고를 두둔하는 말로 오해할 소지가 있다. 더욱이 폭풍에 맞선 제자들에게 예수님이 다가가는 모습을, 거친 인생살이에 예수님이 홀연히 나타나 할리우드 영화에서처럼 멋지게 구조해낼 것이라 해석하는 것도 민망하다. 예수님은 폭풍 속에서 두려움에 떠는 제자들에게 '나다'라고 말씀하신다. 예수님은 여전히 맹위를 떨치는 폭풍 속에서 당신의 신적 정체성에 대해 말씀하신다. "나다"(에고 에이미 ἐγώ εἰμι). 이는 모세 앞에 나타나신 하느님이 스스로 당신을 드러내신 표현이었다(탈출 3,14 참조). 예수님은 '나다'라는 표현을 통해 스스로 하느님이심을 가르치신다. 두려움에 갇힌 나머지 진작 알아봤어야 할 당신을 몰라본 제자들에게 던진 예수님의 일갈─喝이 혼란스러운 밤바다에 울려 퍼진다(시편 107,23-32 참조). 빛이 어둠 속에 왔으나 어둠은 빛을 쉽게 받아들이지 못한다. 어둠을 포기하는 결단이 수반될 때 빛이 빛일 수 있다.

제자들이 예수님을 알아보고 급히 배 위로 초대하지만, 배는 어찌 된 일인지 제자들이 가고자 했던 곳에 닿아버린다. 혹자는 예수님을 만났기에 무사히 목적지에 도착했음을 암시한다고 여기지만, 나는 동의하지 않는다. 그곳은 '그들이' 원한 목적지였지 예수님이 원한 곳이 아니었기 때문이다. 제자들은 여전히 예수님을 모르고, 그분의 가르침을 이해하지 못한 상태였다(6,60 참조). 예수님과 제자들의 목적지는 여전히 다르고 멀기만 하다.

예수님을 어떻게 이해하는가. 참 어려운 질문이다. 대개 사람은 보이는 걸 보고 들리는 걸 듣는다고 생각하지만, 실은 '보고 싶은' 것을 보고 '듣고 싶은' 것을 듣게 마련이다. 예수님을 보고 두렵게 느끼는 건 내 삶의 자리가 두렵기 때문이 아닐까. 두렵다고 여기는 삶의 자리에 예수님은 늘 계신다. 다만, 우리의 목적지에서 조금 떨어져 계실 뿐이다. 함께 가고자 하면서도 일정 거리를 유지하시는 예수님을 인정하고 받아들여야 한다. 그 거리감을 인정하는 것은 신앙에 필수적이다. 하느님의 뜻을 온전히 이해하고자 하지만, 자칫 오해나 욕심으로 인해 그분의 뜻을 곡해할 수 있는 가능성을 인정하고 그것을 끊임없이 수정하고 다잡는 작업이 신앙이기 때문이다.

예수님과의 거리를 좁힐 수 있는 유일한 해법은 대상을 있는 그대로 바라보는 '능동적 수동'의 자세에 달려 있다. 제 욕망의 좁다란 시선으로만 바라보던 모든 대상을 열린 자세로 새롭게 바라볼 수 있는 개방성이 예수님을 만나는 데 필수 요건이다. "나다. 두려워하지 마라." 이 말은 주위의 모든 존재가 내게 호소하는 '자기 계시'의 외침과 같다. 들을 귀가 있는 자, 볼 눈을 가진 자가 예수님을 제대로 만날 것이다. 저만의 이기적 논리를 앞세운 타협이나 조율에 능한 모리배는 절대 흉내

낼 수 없는, 순수하고 단순한 눈과 귀가 예수님을 만나는 첩경이다. 보고 듣는 것, 너무나 쉬운 것이되, 매번 어렵다.

16

지금의 여유(6,22-40)

군중이 예수님을 찾아 나선다. 그들이 빵을 배불리 먹었던 기억을 떠올리며 육적인 배고픔을 잊기 위해 예수님을 찾았다는 사실(6,26)에 우리는 비판적 입장을 고수하곤 한다. 덧붙여, 예수님은 육적인 것의 한계 너머에 펼쳐지는 영원한 생명을 주러 오셨다는 사실을 강조하며 '육적인 바람들'을 애써 무시하며 복음을 읽는 데 집중한다.

　나는 이런 의견에 쉽게 마음이 열리지 않는다. 어차피 인간은 육을 가지고 살아가기 때문이고, 육적인 것을 제거한 뒤 도대체 무엇으로 영적인 것을 찾을 수 있을까 의심스럽기 때문이다. 더욱이 요한복음은 '살덩이'를 취하신 하느님을 강조하며, 육과 세속을 떠나 영적이고 천상적인 것을 갈구하라는 이른바 '이원론적 사고'에 무던히도 저항하기 때문이다(1,14; 1요한 4장 참조). 육적이고 세속적인 바람으로 그분을 찾아 나선 것을 굳이 부정적으로만 볼 수는 없는 노릇이다. 예나 지금이나 사람은 제 삶의 고단함을 위로받고 치유받고 싶어 하니까.

문제는 이것이다. '예수님은 나에게 누구인가.' 내가 진정으로 그분을 메시아로, 진정한 사랑의 대상으로 고백한다면, 내 누추한 마음속 속된 욕심마저도 쉽게 고백할 것이다. 영적이고 정신적인 사랑이 육적인 것보다 낫다는 이원론적 신앙관에 매일 필요는 없다. 사랑하는 사람에게는 뭐든 있는 그대로 솔직하게 고백하는 게 최선일 테니까. 그것이 육이든 영이든 간에 말이다.

예수님이 자신을 찾아온 군중을 영원한 생명을 찾지 못하는 우매한 이들로 규정한 건 사실이다. "너희가 나를 찾는 것은 표징을 보았기 때문이 아니라 빵을 배불리 먹었기 때문이다"(6,26). 이 구절의 그리스어 원문을 직역해 보면 예수님이 군중을 바라본 태도에 흠칫 놀라게 된다. "너희가 나를 찾는 것은 표징을 보았기 때문이 아니라 빵을 먹었고, 그것도 게걸스럽게 먹었기 때문이다." '배불리 먹다'로 번역된 그리스어 동사 '코르타조(χορτάζω)'는 동물이 게걸스럽게 먹는 것을 표현할 때 사용되기도 한다. 예수님은 군중이 '빵만' 보고 자신을 찾는 게 마뜩잖으신 게다. 빵이 전부가 아닌데 말이다.

요한복음을 읽을 때마다 표징 너머의 의미를 찾지 않고 표징 자체에 집착하는 우리의 근시안적 태도가 아쉽다. 묘사된 사건 속에 감추어진 의미에 대해 생각하는 노력을 마다한 채, 조금만 깊은 이야기를 할라치면 '머리 아프다'며 회피하고 기존의 인식에 습관처럼 매몰될 때가 많다. 경쟁에 지친 현대 사회에서 종교를 갖고 신앙생활을 하는 건, 대개 마음을 다스리며 평안한 쉼을 갈구하기 때문이다. 재독 철학자 한병철의 표현대로 우리가 살아가는 세상이 '피로 사회'가 되면서, 소진된 육체와 마음을 보듬을 수 있는 자리가 종교라고 믿는 대중에게서 빵을 찾아 나선 군중의 모습을 발견하는 건, 왠지 씁쓸하기만 하다. '좀 더 노력해야 돼!', '열심히 살면 다 잘 될거야!'라고 스스로를 채근하며, 오지도 않은 종잡을 수 없는 미래로 우리를 몰아붙이는 사회 분위기는 저마다의 색깔과 고유한 가치를 착취한다. 그래서 현실 논리에 스스로를 저당 잡혀 자신이 누군지도, 무엇을 위해 사는지도 모르고 산다. 그야말로 소모전이다. 예수님이 누구인지, 자신이 무엇을 위해 살아가는지 묻는 것을 포기한 채 빵을 달라고 예수님께 몰려드는 군중을 바라보자니, 하루하루 전쟁을 치르듯 살아가는 민중의 애환이 묻어 있는 듯하여, 마음이 짠하다.

요한복음을 읽어나가는 데는 표징을 표징으로만 보지 않고 그 너머 숨겨진 의미를 찾아내는 태도, 빵을 빵으로만 보지 않고 나눔의 풍성함을 체험할 좋은 기회로 볼 수 있는 태도가 필요하다(6,1-22 참조). 다른 것을 생각할 수 있는 '사고의 여유'가 표징 너머의 의미를 찾아 나서는 유일한 길이다. 게걸스럽게 빵을 먹더라도 먹는 것이 무엇인지, 왜 먹어야 하는지, 더 나아가 산다는 건 무엇인지, 어떻게 하면 잘 살 수 있는지를 우리 스스로 질문해야 한다.

요한복음은 표징 너머 우리가 진정 추구해야 할 가치와 의미를 '영원한 생명'이란 표현으로 압축해서 전해준다. 요한복음은 이 세상에 이미 실재하는 영원한 생명에 대해 수차례 이야기한다(6,40.54; 11,23 이하; 12,28.31; 13,31 이하; 14,17; 17,26). 그 대부분은 하느님 안에 함께 머무르는 친교, 혹은 연대의 정신을 되살리는 데 집중한다. 예수님은 다른 세상이 아니라 지금 이 세상 모든 이에게 '영원한 생명'을 전하기 위해 오셨다(6,39-40 참조). 그 누구도 영원한 생명에서 배제되지 않길 예수님은 바라신다. 영원한 생명에 대해 이해하기 위해서는 남은 빵 조각이 버려지지 않도록 모두 모으라는 예수님의 말씀을 깊이 되새겨보아야 한다. "버려지는 것이 없도록 남은 조각을 모아라"(6,12). '버려지는 것이 없도록'이라고 번역된 말씀에 사용된 그리스어 동사는 '아폴루미(ἀπόλλυμι)'로 '잃어버리다'라는 뜻을 가진다. 예수님이 이 세상에 오신 것은 누구도 멸망하지 않도록(문자 그대로 번역하면, '잃어버리지 않도록') 하기 위해서고(3,16), 마지막 날에 하나도 잃지 않고 다시 살리기 위함이며(6,39), 하느님 아버지께서 주신 모든 사람을 구하기 위해서다(18,9). 우리 중 누군가 '버려지는 것'은 태초부터 하느님이 원하신 게 아니다. 예수님이 말씀하시는 영원한 생명은 하느님 안에 모두가 함께 살아가는 것을 말한다(10,28-29; 17,2.24). 그 누가 뭐라든, 예수님을 향하는 그리스도인들은 하느님의 사랑에 이미 초대

받은 귀한 존재들이다.

    요한복음이 쓰인 이유와 목적 역시 영원한 생명과 직결된다(20,31 참조). 이 세상에 오신 하느님은, 숨이 끊어지지 않길 바라며 늙지 않으려 하고, 썩을 수밖에 없는 육체를 유지하려 집착하는 건 진정한 삶이 아니라고 가르치신다(6,27 참조). 예수님에게 진정한 삶이란 현실에서 이미 하느님의 영원한 생명과 사랑을 살아갈 수 있음을 기억하는 일련의 노력으로 얻어지는 것이다(6,35 참조). 이를테면, 게걸스럽게 빵을 먹고 나누는 이 자리가, 또 다른 빵을 갈구해야만 하는 배고픈 자리가 아니라, 이미 하느님을 만나는 자리고, 하느님의 사랑을 나누는 자리임을 기억하는 일이다. 우리의 배고픔은 이웃과 나누지 못하는 우리의 완고함과 '이건 너무 적어!'라고 늘 배고파하는 무한한 탐욕의 결과이지, 빵이 없어서가 아니다. 지금 여기에서의 집착이 내일 저기 어딘가에 펼쳐질 유토피아에 제 삶을 쑤셔 넣어버리니 우리는 늘 배고프다. 지금 여기서 나누고 배 불릴 수 있는 기회와 가능성을 애당초 제거해버린 것이다.

    유다인들은 탈출 16장의 '만나'를 떠올린다(요한 6,31). 굶주림의 위협 속에 하느님께서 주셨다는 먹거리는 현실의 삶이 팍팍할 때면 강렬하게 떠오르는 과거의 달콤한 유혹일 테다. 이미 유다 사회에서 '만나'는 하느님께서 자신들에게 주신 무상의 선물로 이해되었고, 자신들은 하느님에게서 선택받았기에 늘 하느님께서 자신들을 챙겨주실 것이라는 막연한 기대와 희망으로 상징되었다. 거기에는 하느님이 존재할 이유도 필요도 없게 된다. '만나'만 있으면 하느님을 체험하는 것이기에 굳이 하느님이 유다 사회에 함께할 이유가 없었다. 예수님과 군중의 대화는 정작 하느님은 없는, 하느님에 대한 막연한 기대와 희망을 가진 유다 사회의 단면을 적나라하게 드러낸다. 군중은 하느님이신 예수님을 두고 다른 표징을 원한다. 조금 더 솔직하게 군중의 속내를 들여다보면, 군중은 표징을 원하는 게 아니라 그들이 이해할 수 있는, 적어도 조상이 먹었던 '만나' 수준의 놀라운 이적 정도는 되어야 예수님을 받아들이겠다는 완고함을 드러낸다(6,30-31 참조). 군중이 예수님에게 바라는 표징은 탈출 16장에서 보는 만나, 딱 거기에 멈춰 있다. 그리고는 현실 속으로 내려오신 하느님을 제대로 바라보지 못한다. 하느님은 군중의 욕망과 탐욕으로 재단되고 평가될 뿐 하느님 그 자체로 받아들여지지 않는다. 예수님은 하느님으로서 군중에게 대답하신다. 이 세상에 내려온 하느님의 빵이 바로 자신이라고 말씀하신다(6,35 참조). 이 빵은 아버지 하느님이 당신 아들을 통해 주시는 하나의 '계시'다. 예수님을 통해 드러난 하느님의 계시는 신기한 이적이나 낯선 광경을 통해 주어지지 않는다. 일상을 통해, 곧 빵이라는 일상의 필요를 통해 하느님은 당신을 계시하신다. '일상'은 '만나'처럼 신기할 것도 없다. '일상'은 그저 일상으로 받아들이면 된다. 믿는다는 게 바로 그러하다. '나는 …이다'라고 누군가 이야기하면 대수롭지 않은 듯, 그러나 부정하지 않은 채 현재 내 앞에 있는 이를 사유하는 것, 그것이 믿는 것이다. "내가 생명의 빵이다"(6,35). 예수님은 빵의 표징을 통해 일상의 필요성과 신적 초월성을 하나로 엮어내는 유일한 하느님의 계시가 된다.

우리는 일상을 용기 있게 대면하기를 많이 두려워하는 듯하다. 늘 필요하다고 외치는 것들을 보면 지금 당장 필요한 게 아니라 막연한 미래에 필요하다고 여기는 것들이다. 그리하여 '지금, 여기'를 회피하게 된다. 현실을 보지 못하는 우리. 그래서 미래의 유토피아에 목마른 우리에게 필요한 건, '지금'을 제대로 보는 용기 있는 눈이다(6,36.40 참조). 지금을 제대로 보는 것은 영원을 보는 것이기도 하다. 지금이라는 스펙트럼을 통해 미래가 보장되기 때문이다(6,40). 하느님은 지금, 여기에 오셨다(6,38). 하느님은 지금, 내 곁에 빵으로 오셨다. 지금에 대한 사랑과 화해, 그리고 여유가 없으면 하느님은 보이지 않는다.

17

신앙 대 신념 (6,41-59)

예수님이 이 세상에 오셨다는 사실, 곧 '육화'는 요한복음의 주요 신학적 주제 중 으뜸이다. '빵'이신 예수님은 하느님이 인간과 지근거리에 존재하시는 게 아니라, 바로 인간 자체가 되셨다는 사실을 강조하신다. 알다시피 유다인들은 그 '빵'을 하느님으로 받아들이지 않을 뿐만 아니라, 먹으라고 내준 빵을 두고 불평과 갈등으로 답한다(6,41.52). 유다인들은 하느님이 인간이 되어 오셨다는 사실을 납득할 수 없었다. 하느님은 본디 세상과 다른, 높디높은 하늘에 계셔야 한다는 논리를 고집한다.

'하느님이 인간이 되셨다'는 '팩트(fact)'는 '하느님은 인간이 될 리 없는 초월적 존재이시다'라는 인간의 철옹성 같은 신념 때문에 무시되거나 억압되었다. 요한복음은 그런 유다인들을 탈출기 때 광야에서 불평을 늘어놓았던 이들과 동일시하며 불신의 주인공으로 묘사한다(6,41; 참조 탈출 16,2.7).

돌이켜보건대, 신앙의 대상과 내용은 늘 선명하고 올곧았다. 주님의 날, 주님과 하나 되는 날, 하느님께 선택받는 날, 그날은 '모두가 하느님께 가르침을 받을 것'(요한 6,45; 이사 54,13 참조)이라는 희망으로 이스라엘은 하느님을 갈망했고, 그분께 나아가는 데 늘 열심이었다. 하느님에게 선택받았다는 사상은 예언서들에 자주 등장했고(이사 54,13; 예레 31,33-34 참조), 요한복음은 예언서들이 약속한 하느님과의 만남이 예수님의 육화 안에서 완성되었다고 가르친다.

문제는 신앙생활을 게을리하거나 하느님을 잊고 다른 신을 찾아 나서는 데 있지 않다. 오히려 예전부터 가져온 우리 신앙의 가치들에 매몰되어, 하느님이 안 계셔도 신앙만 있으면 그만인 것처럼 살아가는 맹신적 행태에 있다. 이를테면 이 시대와 이 사회에 신앙이 무엇인지 묻지 않고, 하느님이 누구이신지 묻지 않은 채, 성당 가서 미사 드리고 신심생활을 하는 것, 그것이 습관적 일이 되어버리는 것, 그래서 신앙과 그 대상인 하느님은 예전 내가 믿어온 바, 교리서에 적혀 있는 바, 딱 그만큼만 이해하는 것이 문제다. 신앙의 대상에게 나아가는 노력보다, 신앙한다는 것이 제 신념의 일부로 치환되어 현실에 계신 하느님보다는 제 신념 안에 우상이 된 하느님을 접하는 데 더 익숙해지는 것이다.

신이 인간이 되었다는 팩트를 받아들이느냐 마느냐의 문제는 신앙한다는 것이 지금 제 삶의 현실과 어떤 관계에 놓이느냐, 하는 문제로 직결된다. 초세기 그리스도교 공동체에 주어진 질문 중 하나는 예수님의 아버지는 누구냐는 것이다. 요셉의 아들 예수를 하느님 아버지의 아들 예수로 인식하고, 하늘 위 영광 속에 계신 하느님이 현실의 삶 속에 함께한다고 믿는 것은 쉽지 않다. 유다인들은 '요셉의 아들 예수'를 고집한다. 자신들의 체험과 삶에 익숙해져, 예수님을 요셉의 아들로 선명히 각인하면 할수록 인간이 되어 오신 하느님을 받아들이는 건 요원해진다(6,42.52 참조). 예수는 요셉의 아들로 여겨졌고, 그 인식은 유다인들의 신념이 되어, 하느님의 아들 예수를 받아들이는 것을 용납하지 않는다.

신앙은 팩트 안에서 이해되고 성장한다. 다만, 팩트가 신념이나 이데올로기로 다뤄져서는 안 된다. 팩트는 인간의 해석에 따라 부분적으로 혹은 왜곡된 앎으로 각인되기 때문이다. 이를테면, 우리가 매번 보고 듣는 모든 것은 우리가 보고 싶고 듣고 싶어 하는 것들에 대한 욕망의 투사물인 경우가 많다. 우리의 욕망을 뛰어넘는 데서 신앙은 시작한다. 유다인들은 만나를 통해 하느님을 기억하였고 인간적 배고픔의 한계를 극복할 수 있었다. 시간이 흐르면서, 하느님께서 만나를 주셨다는 팩트는 만나를 주셔야 하느님일 수 있다는 신념으로 굳어진다. 하느님이 만나에 굴복하게 된 건 순전히 인간 신념의 고집 때문이고, 시대의 흐름 속에 함께 살아가시는 하느님을 묻지 않고 신앙을 되짚지 않은 인간의 게으름 때문이다.

팩트를 있는 그대로 제대로 보고 듣는 것, 그리고 그것을 제대로 보여주고 들려주는 것은 그 주체와 대상이 하나여야 가능하다. 다시 말해, 하느님만이 하느님을 제대로 보고 들을 수 있다. 또한 하느님만이 하느님을 있는 그대로 보여주고 들려줄 수 있다. 그래서 예수님의 방법은 유일하고 동시에 완전한 것이다. 예수님은 인간으로서 하느님을 알려주셨고, 하느님으로서 인간 현실이 신적 차원으로 거듭날 수 있음을 가르치셨다. 인간 예수님 안에서 '영원한 생명'은 가능하다. (몇몇 사본에서는 6,47을 이렇게 번역한다. "믿는 사람은 '내 안에서 영원한 생명을 얻는다." 요컨대 하느님과 신적 생명을 나누는 것은 인간 예수님 안에서 가능해진다는 것이다.) '먹고 마시라'며 스스로를 내놓는 방법으로 하느님은 인간과 하나가 되셨고, 그 하나 됨으로 하느님은 인간에게 제대로 들리고 보인다. 우리는 먹고 마심으로써 배부르지만 그 이면에 하나의 현실적이고 구체적인 희생이 있음을 기억해야 한다(10,11.15; 11,50-52; 15,13; 17,19). 먹히는 예수님은 자신을 '살'로 내놓으셨다. 이 '살'은 영성적 표현이 아니다. 구체적인 '살덩이'(사륵스 σάρξ)다. 사람의 살을 먹는다는 것이 인간 상식으로는 도저히 납득되지 않는다. 더군다나 피를 마시는 건, 유다 율법상 공동체에서 쫓겨날 수 있는 범죄로 인식된다(레위 17,10-14 참조). 예수님은 인간의 인식과 신념, 그리고 상식을 뛰어넘는 곳에서 육화하셨다. 육화는 팩트이지 신념으로 재단될 성질의 것이 아니다.

    예수님의 육화는 2천 년 전의 유일무이한 사건인 동시에 오늘날 우리 신앙인 사이에 또다시 분명한 팩트로 이어진다. 요한복음이 쓰인 1세기 말엽 교회 공동체가 거행한 성찬례는 오늘날 여전히 우리 교회가 거행하는 성찬례와 같기 때문이다. 비록 요한복음에서 성찬례에 대한 표현이 직접 드러나지 않는다 하여도, 요한복음의 저자는 육화하신 하느님의 희생과 사랑이 성찬례의 주요한 가치 중 하나라고 여겼다(1,29.36). 그리하여 성찬례를 제정하는 그 순간, 예수님은 '서로 사랑하라'는 새로운 계명을 남기셨다. 예수님을 먹고 마시는 순간은 사랑으로 예수님과 하나 되는 순간이어야 한다. 6,51.53.54에서 연거푸 '먹는다'(에스티오 ἐσθίω)라는 동사가 등장한다. 이 동사는 어떠한 행위가 일회적이거나 결단을 요구할 때 사용되는 '단순과거형'(아오리스트형)으로 쓰였다. 이를테면, 예수님은 우리가 당신을 먹고 마시길, 지금 이 순간 결단하길 바라신다. 6,56에서는 먹는 행위를 '트로고(τρώγω)'로 달리 표현한다. 이 동사는 현재형으로 사용되었고 지속적이고 연속적인 행위를 가리킨다. 한 번 먹고 마시는 것으로 예수님의 육화와 죽음이 있는 그대로 이해되거나 받아들여지지 않는다. 예수님의 육화와 죽음이라는 팩트에 대한 신앙이 옹졸한 신념이나 이데올로기가 되지 않게 하려면, 사는 동안 그분의 살과 피를 늘 먹고 마심으로써 예수님이 살아 있는 실체로서 우리 자신과 세상에 참된 생명이 되게 해야 한다.

  인간이, 신의 존재에 대해 '있다, 없다' 논한다 할지라도 예수님은 '팩트'로서 우리와 하나 되고 하느님은 인간들 사이에 현존하신다. 항상 존재하고 계신 현실 속 하느님을 인간의 신념과 이데올로기가 부정하거나 막아서지 못한다. 인간은 자기들끼리 논리와 신념을 주고받는 데 혈안이 되기 쉽다. 이때 예수님의 육화나 죽음은 거부되거나 무시된다. 신앙은 논리와 신념의 유연성에서 시작한다. '이것만이다'라는 논리와 신념에 '왜? 다른 건 없어? 다른 건 안 돼?'라고 질문하기 시작할 때 신앙은 희망으로 싹튼다. 서로 '힐링'하려고 나서는 요즘, 상처받고 피곤한 만큼 누군가에게 의지하고 싶은 요즘, 신앙은 다시 한번 피곤한 세상을 주목하게 한다. 힐링은 자신에게 맞는 신념을 보듬고 자위하는 데서 이루어지는 게 아니라, 현실을 직시하는 신앙의 투쟁으로 현실의 아픔을 함께 보듬는 데서 진정으로 그 가치를 발한다.

18

의심하는 믿음(6,60-71)

　예수님의 말씀이 듣기 거북한 이유는 자명하다. 말씀을 들을 귀가 없어서가 아니라 들을 마음이 없어서다. 예수님의 말씀은 아주 명확했다. 군더더기가 없었다. 그냥 당신을 '먹어 달라'고 하셨고 먹는 이에게 '거저 주겠다!'고 하셨다. 애원에 가까울 정도로 줄곧 그렇게 말씀하셨다.

　예수님의 이 말씀을 듣는 이들이 거북해하는 건, 어쩌면 당연하리라. 워낙 들어보지 못한 생소한 말씀이어서 그렇고, 현실적이지 못해서 그렇다. '마음'이 동하느냐 아니냐의 문제는 대개 각자의 '몸'이 살아가고 있는 삶의 자리와 직결된다. 수많은 말을 하고 들으며 살아가는 우리이지만, 하루 동안 주고받는 말들을 살펴보면 매일 거기서 거기다. 그 단순한 말들 속에서 수천수만 갈래로 뻗어나가고 흩어지는 요란한 마음은 잠시도 쉴 틈을 허용치 않는다. 산다는 건, 몸의 한계성에 묶여 있느냐, 아니면 그 구속 너머 새로운 삶의 방식에 열려 있느냐의 문제로 하루하루를 버티거나 극복하는 모습으로 나타난다.

"영이며 생명"(6,63)인 예수님의 말씀은 실은, 살아 있으라는 호소이기도 하다. 예수님의 말씀이 듣는 이의 마음을 요동치게 했기 때문이다. 의심하거나 따져 묻는 것이 신앙과 배치되는 일은 아니다. '혐의嫌疑'를 품고 예수님께 다가가는 건, 결코 부정적인 자세가 아니다. 어쨌거나 예수님과 함께 있는 것이고, 예수님과 더불어 논쟁을 하고 있으니까 말이다. 어떻든 간에 요한복음은 우리를 끝까지 생명으로 초대하고자 한다(20,30-31). 그 초대가 이 세상에 오신 하느님을 죽이는 방법을 통해서일지라도 말이다. 예수님을 떠나가는 제자들 역시 그분의 말씀을 들었다. 다만, 거기까지다. 들은 것을 이해하고 받아들이며 나아가 실천하는 데 제자들은 힘겨웠다('듣다'라는 동사 '아쿠오(ἀκούω)'는 '받아들인다'는 의미도 담고 있다). 살아 있음은 낯선 이야기에 대한 반응, 듣는 이의 영을 깨워 육의 익숙함을 걷어치우는 데서 시작한다. 그래서 마음이 거북하다는 것은 살아 있다는 방증이기도 하다.

하지만 예수님을 떠나가는 건 완전히 다른 일이다. 그건 제 몸뚱이의 탐욕이나 욕망만을 좇겠다는 선언이며, 예수님이 더 이상 필요하지 않다는 선언이다. 영과 생명을 등지고 제자들이 다시 돌아가는 곳은 육의 익숙함일 테다. 대개 요한복음이 육을 영과 대비시켜 부정적으로 다룬다고들 해석하지만, 요한복음은 육이 꼭 필요한 것임을 말하기도 한다. 적어도 요한복음에서 육은, 하느님께서 이 세상을 사랑할 유일한 자리이자 방법이었으니까(1,11 참조). 육을 통해 생명이 가능하고(3,16 참조), 육이 죽어야 생명이 주어진다는 것이 복음의 논리이기 때문이다(마태 16,25; 루카 14,27; 요한 12,25 참조). 요한복음에서 육이 쓸모없다고 말하는 건, 육이 가지는 본래의 가치가 쓸모없어서가 아니다. 영을 받아들이지 않는 완고함, 사랑을 전하러 오신 예수님을 따르지 않는 폐쇄성 때문이다. 대개 육의 완고함은 현실을 살아가는 이들이 갖는 제 신념에 근거하는 게 아니라, 세상이 주는 영광에 물들어 그 영광의 단맛을 잃어버릴까 두려워하는 이들의 비겁함에서 비롯된다(12,42-43 참조).

예수님과 함께 걷는 건, 어쩌면 제 삶의 자리에서 해방되는 일일 테다. 제 삶으로 되돌아가는, 제 삶의 익숙함을 선호하는, 그리하여 제 삶에 떨어질 이익을 꼭 붙들고 놓지 않으려 하는 이들은 결코 제 삶에서 해방되지 못한다. 예수님은 이런 인간의 자기 중심적 탐욕과 이기심을 이미 알고 계셨고, 당신의 제자들도 그렇다는 것을, 그중에 당신을 팔아넘길 제자마저 있다는 사실을 이미 알고 계셨다(2,23-25; 6,70-71; 13,18-19.26-27). 제자들은 더 이상 예수님과 함께 걷지 않는다. '페리파테오(περιπατέω)', 곧 '따라 걷다'란 뜻을 지닌 동사가 6,66에 사용되는데, 제자 됨의 모습을 전형적으로 드러내는 동사다. 예수님 곁에서 함께 걷고 함께 먹고 마시는 일이, 실은 제 삶에 그리 득이 되지 않는다고 제자들은 판단하고야 만다.

제자 대부분이 예수님을 떠나 다시 제 삶으로 되돌아갈 때, 예수님은 열두 제자에게 묻는다. "너희도 떠나고 싶으냐?"(6,67) 직역하면, "너희도 떠나가고 싶지 않으냐?" 부정조사 '메(μή)'가 사용되어 예수님이 제자들을 바라보는 비통함이 더욱 강조되는 질문이다. 다들 떠나가는데 열두 제자인들 떠나가고 싶지 않겠냐는, 예수님의 슬픔이 느껴질 만하다. 베드로가 예수님께 드리는 답은 그래서 희망적이고 신선하며 따뜻하기까지 하다. "주님, 저희가 누구에게 가겠습니까? 주님께는 영원한 생명의 말씀이 있습니다"(6,68). 베드로가 예수님이 누구이신지 고백하는 장면은 공관복음서에도 나온다(마태 16,16; 마르 8,29; 루카 9,20 참조). 비슷한 듯하지만, 요한복음에 나오는 베드로의 대답은 독특하다. 공관복음에서 베드로의 답변을 유다 사회가 관습적으로 갈망했던 영광스럽고 강직하며 막강한 권능을 소유한 메시아상과 관련하여 그려냈다면(그래서 공관복음에서는 베드로의 고백에 이어 예수님이 베드로를 질책하는 장면이 나온다), 요한복음에서는 제자 대부분이 떠나가는 상황에서 베드로 홀로 예수님이 이 세상에 오신 하느님이시라는 사실을 지켜내고 있다. 이를테면, 세상 모두가 예수를 버려도 자신은 버리지 않겠다는 단호한 신앙 고백의 주체로 베드로를 소개하는 것이다.

베드로는 예수님을 "하느님의 거룩하신 분"(6,69)이라 고백한다. '거룩하다'는 수식어는 전통상 하느님께 유보된 것이었음에도 베드로는 예수님을 가리켜 '거룩하신 분'이라 한다. 요한복음의 목적이 예수님을 하느님으로 고백하는 데 있음은 자명하고 베드로는 그 사실을 자신의 고백으로 드러낸다(20,31 참조). 물론 베드로의 고백이 모든 제자의 고백과 같을 수 없고, 그 고백이 전적으로 모든 신앙 고백의 모델이 되어야 하는 것도 아니다. 알다시피 베드로 역시 예수님을 배반하는 데 함께했고 여리고 부족한 믿음을 보인 적이 있지 않나(13,36-38; 18,15-18.25-27). 예수님은 열두 제자를 '의지적으로' 뽑으셨고, 그중 하나는 예수님을 팔아넘겼다(루카 22,22 참조). 예수님과 함께 걷고 그분이 하느님임을 고백하는 건, '혐의'를 배제한 순도 100%의 신앙으로만 가능하다는 '유토피아'적 착각과 편견은 버리자. 신앙 고백은 육의 익숙함에서 해방되는 것이지, 육의 본성적 한계성을 거부하는 것은 아니다. 우리는 의심하면서 성장한다. 떠남의 자리에서 예수님을 붙잡으려 한다. 떠나거나 따르거나 둘 중 하나라도 선택할 수 없는 것은, 신앙인 듯 타협인 듯 여전히 헷갈리며 세속 논리와 신앙 논리를 식별하지 못하는 우리의 비겁함 때문이다. 어찌 되었건, 예수님은 우리를 늘 부르고 뽑고 챙기신다. 우리의 의지가 악을 향할지라도 예수님은 여전히 당신의 제자로 우리를 부르신다.

예수님을 '하느님의 거룩하신 분'이라고 고백하는 것은 의외로 단순한 일이다. 모자라면 모자란 대로, 아프면 아픈 대로, 화나면 화나는 대로 예수님 옆에 있으면 된다. 멋지고 올바른 신앙인이 되고자 스스로를 옥죄고, 예의 바른 이로 하느님 앞에 서 있으려는 교만을 벗어던지는 태도가 오히려 더 필요할지도 모른다. 믿음은 제 걸음으로 예수님 옆을 따르는 것이지, 예수님과 똑같이 걸어가는 게 아니다. 비틀거리더라도 제 걸음이 삶의 여정을 신앙으로 물들인다. 신앙이 스펙 쌓기가 되면 곤란하다. 하느님처럼 거룩해지려고 이런저런 활동에 집착하다 보면, 제 모습 그대로를 받아들이고 사랑하시는 하느님을 만나 뵙기 힘들다. 스펙이란 말을 곰곰이 따져보면 그렇다. 스펙은 '스페시피케이션(Specification)' 약자로, 본디 기계의 고유한 기능과 성능을 평가하는 말이다. 쌓아 올리는 것이 아니라, 본디 그 자체가 가지는 고유한 능력이 무엇인가를 짚어내는 게 스펙 쌓기다. 지금 의심하는 나 자신이 진정한 신앙인이다. 지금의 모습을 부정하거나 외면하면 세상에 오신 예수님을 어디서 만나겠나. 의심하면서 성장하는 게 신앙이다. 의심하는 나를 먼저 사랑해야 신앙을 얻는다.

19

눈뜬 맹인 (7,1-52)

7장의 시간적 배경은 초막절이고, 공간적 배경은 예루살렘이다. 초막절에 예루살렘에 올라가는 일을 두고 예수님과 형제들이 갈등을 겪는 것으로 이야기는 시작된다. 초막절은 추수 감사와(탈출 23,16; 34,22 참조) 예전의 광야 체험이 연관된, 현재와 과거를 엮어 기억하는 축제다(레위 23,33-44; 신명 16,13-15 참조). 예전 이스라엘 백성이 광야에서 그러했듯, 하느님이신 예수님을 제대로 이해하거나 받아들이지도 않는 형제들의 불신은 초막절을 배경으로 더욱 뚜렷이 드러나고 있다.

초막절은 하느님이 세상에 어떻게 드러나셨는지를 기억하는 축제이며, 그 기억을 더듬는 과정에는 지금의 삶이 어떻게 하느님을 향할지에 대한 결단이 내포된다. 현재든 과거든, 하느님이 누구실까 생각해본다는 건, 그분이 이 세상에 어떻게 드러나셨는지 체험한 데 대한 회상을 전제로 한다. 인간은 직접 보고 듣는 것으로 자신의 신념을 만들어가는 존재인 까닭이다. 다만, 보고 듣는 것이 전부가 아님을 아는 데는 그리 능숙하지 못한 게 인간이기도 하다.

하느님을 기억하는 유다인들은 하느님으로서 일하고 말하시는 예수님에게 유독 적대적이었다. 논란은 대부분 예수님이 누구인지에 대한 것이었고, 이는 배척과 단절로 이어지곤 했다(5,16-18; 7,19.30.44; 8,37.40.59; 10,31.33.39; 11,8.53 참조). 예수님이 사신 시대는 물론이거니와, 요한복음이 쓰인 1세기 말엽, 그리고 지금 우리가 사는 세상에도 그 배척과 단절은 여전하다.

요한복음 7장은 이 세상에 오신 하느님, 예수라는 인물이 도대체 누구인지에 대한 질문을 계속한다. 이를테면, 예수님은 선한 사람인가 속이는 사람인가(7,12), 아니면 예언자인가(7,40-44) 하는 질문들이 쏟아진다. 이 질문의 이면에는 결국 예수님이 세상의 입맛에 맞는 분이어야 한다는 논리가 숨어 있다. 예수님의 형제들이 보여준 태도에서 그 논리의 민낯이 드러난다. 그들은 예수님이 드러내놓고 다니시길 원한다. 예수님의 이적이 공개되어 사람들이 예수님을 인정하게 되기를 바라는 것이다. 그리하여 세상의 임금이 되든지(6,15), 세상이 원하는 만큼 배부르게 하든지 간에(6,31) 예수님은 세상이 원하는 그 시간과 그 장소에, 세상이 바라는 딱 그만큼만 존재의 의미를 가지는 것이다.

요한복음에 나타나는 예수님의 적대자들(군중은 물론이거니와 예수님을 제대로 알아보지 못하는 제자들까지)은 하느님에 대한 믿음을 인간적 앎이나 이해의 문제로 인식하곤 한다. 말하자면, 인간이 인식하는 딱 그만큼, 인간이 알고 이해하는 그만큼 예수님은 드러나고 알려져야 한다. 그런데 이것은 타인을 향한 믿음이 아니라 타인과의 단절이거나 타인을 무시하고 나아가 타인을 제거하는 짓일 뿐이다(7,6-7 참조). '아무 때'라도 상관없는 이의 태도는 고유한 시간과 그 시간의 의미가 각별한 사람들에게는 폭력이 될 수밖에 없다. 하느님을 믿는다는 건, 알기 위함이 아니라 의탁하기 위함이다. 인간관계도 그렇다. 누구를 믿는다는 건, 그를 아는 문제가 아니라 내 마음이 얼마나 그를 받아들이는가의 문제와 상응한다. 인간 대부분은 세상에서 지금껏 인정받은 것, 혹은 앞으로 인정받고 싶은 것들을 드러내려 한다. 그 인정 속에 계급 권력이 똬리를 틀고, 권력에 취하거나 그것을 동경하는 이들이 그 똬리를 더욱 견고케 한다(7,47-49 참조).

안식일 계명도 그렇다(7,22). 안식일에 '해서는 안 되는 일'은 본디 존재치 않았다. 농경문화에서 비롯된 축제일은 하느님의 거룩한 날로 바뀌었고, 거룩함을 해치는 일상의 평범함은 잠시 비워내자는 명목하에 안식일은 행동거지를 통제하는 날로 그 성격이 굳어졌다. 이러한 안식일의 형성 배경에는 사회적·종교적 권력의 힘이 깔려 있다. 유다 사회의 지도자 계급이었던 사제들이 그리 원했고 그리 강요한 것이다. 사제들은 바빌론 유배에서 귀환한(기원전 537년) 이후 이스라엘의 정신적 지주였고 통치자였으며 권력자였다. 대부분의 율법 금지 조항들은 '원래' 해서는 안 되는 게 아니라, 해서는 안 된다는 지배 체제에서 유래된 흔적이라 할 수 있다. 본디 '해서는 안 되는 일'이란 없다. '하지 말라'는 율법은 사회-문화적 이해 구도에서 만들어진 것이고, 사람이 죽든 말든 '꼼짝 말고 있기만 하면 된다'는 근본주의적 율법 준수에까지 이르게 된다. 예수님이, 아무 일도 하지 말아야 할 안식일에 할례를 베푸는 것을 문제 삼으신 이유는 이러한 율법주의의 위선을 지적하기 위함이었다. 안식일에 과도한 노동을 하거나 피를 봐서는 안 된다고 하면서도, 유다인들은 안식일에 할례를 거행했다. 예수님의 지적은 논리적이었으나 유다인들에게는 거북했다. 그들의 전통을 건드린 까닭이다. 하느님의 지적을 인간의 전통이 거부한 셈이다. 이를 두고 예수님은 이렇게 일갈한다. "모세가 너희에게 율법을 주지 않았느냐? 그런데도 너희 가운데 율법을 지키는 자가 하나도 없다"(7,19).

그리스도, 곧 메시아에 대한 이해 역시 마찬가지다. 유다 사회가 기대한 메시아는 권력자가 지정한 곳, 즉 베들레헴이라는 자리, 다윗 가문의 시작인 곳에서 나와야 했다. 그리 믿었고, 믿은 바가 견고해져 당연시되었다. 그렇다면 이사 8,23은 도대체 무엇이란 말인가. "그러나 곤궁에 처해 있는 그 땅에 더 이상 어둠이 없으리라. 옛날에는 즈불룬 땅과 납탈리 땅이 천대를 받았으나 앞으로는 바다로 가는 길과 요르단 건너편과 이

민족들의 지역이 영화롭게 되리이다." '이민족들의 지역'은 갈릴래아를 가리킨다. 어느 관점으로 세상과 역사를 바라보는지에 따라 그 해석은 천차만별이다. 다윗 가문과 이민족들의 지역은 상충하고 대립한다. 예수님은 지금, 메시아를 바라보는 두 극단이 부딪히는 자리에 서 계신다. 예수님은 세상에서 미움받고 있으나, 세상을 구원하러 오신 메시아라는 사실 때문이다. 예수님은 세상을 피해 남몰래 예루살렘에 올라가고 있으나, 세상은 그런 예수님을 메시아로 알아보기는커녕 오히려 죽이려 든다는 사실. 세상과 예수님은 이런 사실 안에서 대립하고 부딪친다.

유다인들은 예수님이 하신 일과 능력에 대해 놀라워하고 신기해했다(7,15). 예수님이 갈릴래아 출신의 촌뜨기고 배우지 못했기 때문이다(7,27). 그러나 예수님의 일과 능력에 대한 의문이 그분이 '누구'인가를 진정으로 깊이 고민하는 데까지 뻗어가지는 못하였다. 유다인들은 보고 듣는 것에 너무 익숙해져 있었고, 유다 사회의 현실 논리와 계급 권력은 촌뜨기 예수를 메시아로 고백하는 것을 용납하지 않았다.

예수님은 제대로 보고자 하셨다. 하느님을, 그분의 뜻을, 제대로 보고 지키려 하셨다. 자신의 때와 의지를 내려놓고 아버지의 때를 기다리셨다. 세상은 저만의 시간을 고집하지만 예수님은 하느님 아버지의 시간을 견지하신다(5,19; 7,30). 형제들이 자신을 공개적으로 드러내라고 다그칠 때도, 군중이 자신을 놓고 논란을 벌일 때도 예수님은 자신이 누군지, 언제 무엇을 할지 말씀하시지 않았다. 그분의 때는 전적으로 아버지의 영광에 연결되어 있었고, 그 영광은 자신의 죽음이었다(12,23; 13,1; 17,1-5 참조).

목마른 자만이 예수님을 제대로 찾아 나선다. 초막절 축제에서는 실로암못의 물을 길어다 성전 제단에 끼얹는 예식을 행했다. 기쁨의 예식이었고 살아 있음에 대한 감사의 표현이었다. 제대로 살고 싶고 제대로 믿고 싶으면, 예수님을 제대로 찾아야 한다. 인간의 전통이나 관습, 또는 권력에 기대어 신앙을 이용하면 안 된다. 신앙이 자신의 익숙함으로 향할 때, 우린 '주님'이라 부르되 우상을 향하게 된다. 제2차 바티칸 공의회에서 '익명의 그리스도인'이라는 명제로 교회 밖 구원의 문제를 부각한 카를 라너는 이런 말을 남겼다. "대부분의 그리스도교 신자들이 믿는 하느님은 고맙게도 존재하지 않는다." 어쩌면 지금 내가 믿는 하느님이 우리 욕망의 투사물이 될 수도 있다는 생각, 지우지 말아야 한다.

20

사랑만이…(8,1-11)

몇 해 전 강남역에서 한 남자가 한 여자를 이유 없이 죽인 사건이 있었다. 그 사건을 두고 '여혐女嫌'(여성 혐오) 사건이라고 말들 했다. 한국 사회에서 여성 혐오는 오래되었고 현재 진행 중인 듯하다. 강남역 사건은 한 정신병자의 우발적이고 요사스러운 사건이 아니라 질리도록 계속된 한국 남성의 졸렬함이 드러난 사건이라는 게 내 생각이다.

요한복음을 읽다가 뜬금없이 강남역 사건을 언급하는 이유는 단순하다. 하느님께서 살덩이가 되어 이 세상에 오셨고,

이 세상 곳곳에 스며 있는 그분의 살 내음에 우리가 주목해야 하기 때문이다. 하느님께서 극진히 사랑한 세상이 혐오스러운 세상, 갈라진 세상으로 결판나서는 안 되기 때문이다. 강남역 사건에서 희생된 '여자'는 '남자'의 혐오 대상이 아니라 사랑받아야 할 '인간'이었다. 여혐은 인간에 대한 거부였고, 인간을 사랑한 하느님에 대한 저항이었다. 동시에 강남역 사건은 여혐 사건이 아니라고 우기는 남자들의 호들갑 역시 인간에 대한 최소한의 애정조차 포기한 수컷의 굉음에 불과하다. 죽은 이가 '여자'라서, 힘없어서, 남자보다 못해서가 아니라, '인간'이라서 남자와 똑같은 '인간'이라서 우리는 강남역 사건을 깊이 고민해야 한다. 하느님께서 사랑하시는 인간을 우리는 도대체 어떻게 대하고 있는지 말이다.

간음하다 현장에서 잡혀온 여인의 이야기를 읽을 때마다 남성의 폭력적 행태에 긴장하며 불편해하는 나 자신을 발견한다. 여인과 함께했던 남자는 어디에 있을까, 왜 율법학자와 바리사이들은 여인만 끌고 왔을까, 여인의 두려움은 얼마나 깊고 어두울까. 간음하다 잡혀온 여인에 대한 이야기는 오래된 필사본에 빠져 있고, 몇몇 단어와 표현들은 요한복음보다는 루카복음에 더 가까운 듯하다. 요한복음이 쓰이고 난 후에 굳이 인위적으로 끼워 넣은 부분으로 추정되는 이 여인의 이야기는 도대체 무엇을 말하고 싶었던 것일까….

여인이 끌려온 자리는 성전이었다. 예수님은 가르치고 계셨고 온 백성은 그분 곁에 함께했다. 요컨대, 여인이 붙들려온 곳은 거룩하디거룩한 성전이며 하느님의 가르침이 있는 곳이었다. 거룩함과 더러움(유다 사회가 여인을 더럽게 여겼고, 그렇게 믿었으며, 그래서 죽이려 했다!)이 예수님을 두고 교차한다.

율법학자와 바리사이들, 그들은 이미 답을 가지고 있었다. 간음한 여인은 죄인이라는 답, 그래서 죽여야 한다는 답. 그 답은 너무나 선명했기에 다른 물음을 허용치 않는다(신명 22,23-24 참조). 그럼에도 율법학자와 바리사이들은 예수님께 묻는다. "이 여인을 어찌할까요?" 예수님께 주어진 '시험'에 대한 답은 두 가지로 기대될 터였다. 율법을 따르면, 세상에 대한 예수님의 사랑, 누구도 심판하지 않겠다는 그 사랑은 무너질 것이다(3,17 참조). 그렇다고 사랑을 따르면, 율법을 파괴했다는 비난은 피할 수 없을 것이다(신명 22,22; 레위 20,10 참조). 율법학자들과 바리사이들은 둘 중 하나의 답을 기대한 게 아니다. 그들이 예수님께 집요하게 묻는 이유는 하나다. "모세는 율법에서 이런 여자에게 돌을 던져 죽이라고 우리에게 명령하였습니다"(8,5). 여인을 죽이지 않는 한, 예수님은 비난받을 것이다. 결국 그들에게 예수님과 여인은 제거 대상일 뿐이다. 어떻게든 세상을 사랑하시려는 예수님을 그들은 어떻게든 시험하고 조롱하며 없애려 들고 있다(7,25 참조).

그래서일까. 예수님은 침묵하신다. 그 침묵은 율법학자와 바리사이의 의도에 휘말리지 않는 예수님만의 길을 만들어가는 것이다. 땅에 무언가를 쓰고 계신 예수님은 여인에게 집중된 문제의 관점을 율법학자와 바리사이들에게로 옮겨놓으신다. 예수님께 문제가 되는 것은 율법으로 단죄받는 대상이 아니라 단죄하려고 덤벼드는 율법학자와 바리사이였다. "너희 가운데 죄 없는 자가 먼저 저 여자에게 돌을 던져라"(8,7). 여인이 죄인이라고 말할 수 있으려면 그들에게 죄가 없어야 하고, 여인이 죄짓는 현장을 그들이 목격해야 한다(신명 17,5-7 참조). 요컨대, 율법으로 단죄하는 자는 스스로 율법에 떳떳해야 했다. 복음 이야기를 무턱대고 따라가다가는, 율법학자와 바리사이처럼 된다. '이 여인을 어떻게 처리할까, 용서할까 말까…'라는 식으로 우리의 해석은 진행되고, 용서하는 분으로 예수님을 치켜세우기에 급급해진다. 이런 해석의 이면에는 여전히, 여인은 죄인이고 죽어야 한다는 서슬 퍼런 단죄의 논리가 똬리를 틀고 있다.

예수님은 이런 해석을 거부하신다. 예수님은 단죄가 아니라 우리 모두가 율법에 비추어 떳떳한가에 대한 질문을 다시 제기하셨다. 여인의 자리에 '그들'을, 그들의 자리에 '죄 많은 우리'를 또한 끼워 넣으시기 때문이다. 그분은 편중된 단죄, 특정 계급에 대한 심판을 거부하신다. 그분은 여인을, '우리 모두'를 되돌아보게 하는 기회로 제시한다. 율법학자와 바리사이들이 떠나간 것은 단죄의 주체에서 단죄의 대상으로 스스로를 돌아보았기 때문이고, 단죄가 사라진 자리에는 '간음한' 여인이 아니라, 그냥 '여인'이 홀로 남는다(예수님은 여인을 '여인'이라고 부르신다. 간음한 여인이 아니다!). 이 여인을 이제 어떻게 대할까. 예수님은 이렇게 말씀하신다. "나도 너를 단죄하지 않는다. 가거라. 그리고 이제부터 다시는 죄짓지 마라"(8,11). 예수님은 분명 심판하지 않는다 하셨다. 세상을 끝까지 사랑할 것이라고도 하셨다(15,9 참조). 간음한 여인의 이야기를 통해 단죄에서 용서, 그리고 사랑으로 이어지는 흐름을 읽어내는 건 어렵지 않다. 진짜 어려운 것은, 단죄를 포기하고 떠나가는 것이 아닐까. 어쩌면 우리는 율법학자와 바리사이들보다 더 잔혹하고 더 완고하게, 이웃을 마구 단죄하고 있는 것은 아닐까. 스스로를 돌아보지 않는 모든 행동은, 그것이 사랑일지라도 폭력이 될 수 있음을 기억해야 한다. 이는 정말 어려운 일일까.

예수님은 간음이라는 무거운 단죄의 멍에를 짊어진 여인을 그냥 '여인'이라 부르신다(8,10). 이전의 얼크러진 삶을 새하얀 도화지 마냥 하얗고 투명하게, 그래서 있는 그대로 본모습으로 '여인'을 바라보신다. 그리고 당신도 '죄를 묻지 않겠노라'고 말씀하신다. 놀라운 말이다. 예수님 역시 여인을 돌로 치지 않고 돌아간 사람들과 하나 되는 말씀을 하신 까닭이다. "나도 너를 단죄하지 않는다"(8,11) '나도' 단죄하지 않겠다는 말씀은 돌로 치겠다는 사람들의 처지를 당신의 것으로 받아들인 것이다. 예수님은 서로가 손가락질하고 비난하며, 결국 서로가 죽일 듯 덤벼드는 세상을 화해와 용서의 세상으로 바꾸러 오셨다. 여인만 용서하시는 게 아니라, 여인을 죽이려 덤벼든 이들과도 화해하시는 예수님의 말씀, 참 놀라울 뿐이다.

강남역 사건을 한 정신병자의 일탈로 볼 수 있다. 그래서 여혐이니, 남성 우월주의니, 성적 차별이니 하는 사회 일각의 목소리를 덮어둘 수도 있을 테다. 그럼에도 나는 그 사건이 가지는 사회적 반응에 주목할 필요를 느낀다. 예수님이 땅바닥에 무언가 쓰면서 여자를 물어뜯던 당시 사회의 폭력성을 직시하셨듯, 나는 강남역 사건을 내 의식의 한 편에 되새기며 오늘 한국 사회에 군림하는 남성의 폭력성을 직시한다. 한국에서 남자로 산다는 건, 일정 부분 기득권을 누리는 것이고 여혐의 주체가 될 수 있다는 사회적 반성을 직시한다. 간음하다 현장에서 잡힌 여인의 상대, 그 남자가 '나'일 수 있다는 사실을 또한 직시하면서…

21

열린 의심(8,12-30)

요한복음의 이야기는 계속해서 '예수님은 누구인가'라는 질문을 중심으로 펼쳐진다. 이번에는 '빛'의 형상을 통해 바리사이들과 직접적으로 논쟁을 펼치시는 예수님을 만나게 된다. 요한복음 첫 장에서부터 예수님을 가리켰던 표징이 '빛'이다(1,4). 빛을 받아들여 모두가 하느님의 생명을 함께 나눌 수 있기를 바라는 게 요한복음의 저술 의도이기도 하다(20,30-31 참조). 다만, 빛을 받아들이고 아니고는 전적으로 우리 선택의 몫이고, 빛을 빛으로 보고 나아가는 이와 그렇지 못한 이로 갈라진 두 세상은 요한복음이 쓰이고 읽혔던 시대의 자화상이기도 했다(3,19-21 참조).

유다인 대부분이 예수님을 거부했지만, 더러는 믿기도 했다(7,31 참조). 예수님은 믿는 이의 탄생을 위해 믿지 않는 이들 사이를 헤집고 다니신다. 본디 믿는 이는 없다. 믿지 않는 이가 믿는 이가 되며, 빛이 오셨기에 어둠은 빛을 받아들일 것인지 말 것인지 선택의 기로에 놓이게 된다. 어찌 보면 불신앙의 자리가 신앙이 생겨날 좋은 기회의 자리인 셈이다(8,30 참조).

바리사이들은 세상에 오셔서 하느님의 생명을 전하시는 예수님의 증언을 유효하지 않다고 말한다(8,13). 예수님이 "나는 세상의 빛이다"라고 말씀하시는 게 영 마뜩잖다. 바리사이들에게 빛의 주인은 세상 만물을 만드신 야훼 하느님이셔야 했다(창세1,3 참조). 바리사이들은 예수님을 하느님으로 인식하지 않으니, 그분이 어디서 오셨는지, 어디로 가시는지 애당초 관심 밖의 일이다. 매번 "도대체 당신이 누구냐?"고 묻는 바리사이들의 질문은, 당신은 야훼 하느님일 수 없고 야훼 하느님이어서도 안 된다는 강한 거부의 결과다(8,25 참조). 혼자서 증언하는 것은 참되지 않으니 둘이나 셋이 함께 증언해야 한다는 유다 율법(민수 35,30; 신명 17,6; 19,15 참조)을 내세우는 건, 예수님의 신원을 어떻게든 증명해보라는 독촉이 아니라, 예수의 자기 증언이 거짓이라는 강퍅한 주장을 드러내는 것이다.

예수님은 이런 바리사이들을 무지하다 판단하신다. 그들의 무지는 크게 두 가지 이유에서 생겨난다. 먼저, 존재의 근원에 대한 질문을 잃어버렸기 때문이다. 우리는 보이는 것, 손에 잡히는 것에 현혹되어 본질을 놓치는 경우가 많다. 빛이 세상에 와도, 생명을 주러 하느님이 당신 외아들을 보내셔도, 우리는 재테크, 자녀 교육, 심지어 오래 살기 위한 건강 정보에 혈안이 되어 있다. 세상살이의 본질이 무엇인지, 세상이란 게 도대체 어떠해야 하는지에 대한 고민은 피곤한 것이라 치부한 채, '잘 산다는 것'이 '얼마를 버느냐'는 기준으로 갈무리되기도 한다.

예수님 시대의 유다인들 역시 그러했다. 하느님을 따른다면서 하느님이 누구신지에 대한 질문보다 율법을 지켰는지 아닌지, 안식일을 지켰는지 아닌지를 더 많이 묻고 따졌다(요한 9장 참조). 율법과 안식일을 지키는 것은 그 사회에서 인정받기 위한 기준이었고, 어느 정도의 경제적 부를 누릴 수 있는 이들의 특권이었다. 하루 벌어 근근히 제 삶을 유지하는 이들에게 율법의 준수는 짊어지기에 너무나 무거운 멍에였다. 유다인들의 무지는 '현실의 성공'이라는 비겁한 핑계 속에 하느님을 포박한 데서 기인한다. 예수님은 세상의 근원과 세상이 나아갈 바에 대해 집중하셨다. 파견되신 이로서 파견하신 하느님의 뜻을 실천하려 하셨고, 그 뜻을 십자가로 완성하신 분이 바로 예수님이셨다. 요컨대, 예수님은 당신이 어디에서 왔고, 또 어디로 가는지 알고 계셨다(8,14 참조). 예수님의 근원과 목적을 요한복음은 '사랑'이라는 표현으로 정의하곤 한다(3,16; 13,1 참조). 행복하고 자유롭게 살기를 원하면서도 눈앞의 이해관계에 철저히 묶여 있는 우리로서는 '왜 사는지'라는 물음에 늘 부끄럽기만 하다. '왜 사는가'에 대한 솔직한 답은 '내 행복과 성공을 위해서'라는 말로, '네 삶은 모른다'는 말로 정리되고 마는 까닭이다. 예수님의 사랑은 그렇게 우리의 삶과 괴리된다.

바리사이들이 무지한 두 번째 이유는 예수님과 그들이 머무는 세상이 다르기 때문이다. "너희는 아래에서 왔고 나는 위에서 왔다. 너희는 이 세상에 속하지만 나는 이 세상에 속하지 않는다"(8,23). 물론 세상은 하나고 둘로 나뉜 적이 없다. 요한복음이 말하는 아래의 세상과 위의 세상은 '영성적' 차원의 구별을 가리킨다. 말하자면 빛을 받아들이는 이들과 그렇지 못한 이들은 세상을 바라보는 관점이 다를 수밖에 없다는 것이다. "정녕 내가 나임을 믿지 않으면, 너희는 자기 죄 속에서 죽을 것이다"(8,24). '내가 나다'라는 표현은 구약성경에서 하느님이 당신을 드러내실 때 사용한 표현이다(탈출 3,13-16 참조). 풀어 이야기하자면, '예수, 바로 내가 하느님'이라고 선포하시는 것이다. 예수님을 하느님으로 알아보는 것은, 제 삶이 전부가 아님을, 그래서 다른 존재와의 관계로 나아가야 함을 고백할 때 가능하다. 예수님을 보면서 제 삶에 유익한 무언가만 생각한다면, 그게 바로 죄에 머무는 것이다. 죄란 특정한 이의 낯설고 불쾌한 행위만이 아니다. 제 것에 눈이 멀어 다른 것에 무지하거나 무관심한 것도 죄다. 예수님은 당신의 뜻과 당신의 논리 안에 갇혀 계시는 분이 아니라, 하느님 아버지와 하나 된 분이셨다. "나는 그분에게서 들은 것을 이 세상에 이야기할 따름이다"(8,26). "나를 보내신 분께서는 나와 함께 계시고 나를 혼자 버려두지 않으신다. 내가 언제나 그분 마음에 드는 일을 하기 때문이다"(8,29). 예수님은 눈에 보이는 것과 손에 잡히는 것들 안에서, 보이지 않고 잡히지 않는 하느님의 세상을 보여주셨다. 예수님은 하느님을 통해 당신 삶의 이유와 목적을 분명히 짚어내셨고, 그것으로 그분의 삶은 하느님에 대한 '증언 그 자체'였다. 예수님을 통해 이 세상은 곧 하느님 나라가 되었다. 하느님 나라를 지향하면서도 실제 삶의 자리에서는 단죄와 심판을 일삼고 하느님 나라가 멀었다며 이원론적 세계관을 '즐기던' 유다인들에게, 제 삶이 하느님 나라일 수 있다는 예수님의 세상은 낯설고 불편했다.

결국, 바리사이들이 무지한 이유는 제 인식의 틀, 제 삶의 자리, 제 밥그릇의 자리에서만 묻고 답하는 완고함에서 기인한다. '어디'에서 왔고, '어디로' 갈 것인지에 대한 질문, 그러니까 제 인식만이 전부가 아니고, 제 삶만이 유일한 게 아니며, 제 밥그릇 말고 다른 밥그릇의 소중함도 기억하고 보살피는 질문은 도무지 낯설어하기 때문이다. 그에 반해 예수님은 기다리실 줄 아신다. 아버지의 때, 영광의 때, 곧 '사람의 아들이 들어 올려질 그때'를 기다릴 줄 아신다(8,28). 예수님은 십자가를 지심으로써 당신의 근원과 당신이 사는 세상을 밝히 보여주셨다(8,28 참조). 예수님의 십자가상 죽음은 하느님이 세상을 너무나 사랑하신 결과다(3,16-17 참조). 하느님의 사랑이 완성되는 것은 순전히 우리의 선택에 달려 있다 해도 과언이 아니다. 사랑은 일방적일 수 없기 때문이다. 예수님은 당신 살덩이를 이 세상에 내던지셨는데, 우리는 무관심으로 그런 예수님을 하늘에 유폐하는 것은 아닐까. 쓰면 뱉고 달면 삼키는 식으로 예수님을 인식하는 것은 아닐까. 예수님을 알고 그분을 받아들이는 일, 알고 보면 참 쉽다. 의심하면 된다. 묻고 또 물으면 된다. 답을 내기 위한 물음이 아니라 도저히 답이 나오지 않아 묻는 일, 그 물음 자체로 지금의 삶이 전부가 아님을 늘 기억하는 일, 그것이 예수님을 알아가는 길이다. 내가 왜 사는지, 사는 이유가 뭔지, 또 무엇을 위해 살아야 하는지…. '친구 따라 강남 가듯' 살아서 제 삶의 근원과 그 자리를 잃어버리면 이 세상에 당신 천막을 세우신 예수님도 하느님도 잃게 된다.

기억하자. 본디 믿는 이는 없다. 믿지 않는 데서 믿는 이가 탄생한다. 믿음이 있기 위해 우리는 삶을 의심하고 물어야만 한다. "예수님이 이렇게 말씀하시자 많은 사람이 그분을 믿었다"(8,30).

22

하나의 자유(8,31-59)

아브라함을 두고 예수님과 유다인들이 논쟁을 벌이는 대목은 우스울 정도로 유치하다. 성경 말씀을 두고 유치하다 말하는 것이 불경스러운가. 그렇다면 그것이 바로 유다인들의 논리라는 사실을 깨닫길 바란다. 도발적 글투에 독자들은 당황스럽거나 불편할 수 있다. 그럼에도 종이에 자국을 남기듯 연필을 꾹꾹 눌러 쓰는 마음으로 글을 써볼까 한다. 이유인즉, 나는 복음에 등장하는 유다인들에게 화가 잔뜩 나 있기 때문이다.

유다인들은 예수님을 '믿는 이'였다(8,31). 그러나 이 믿음은 아브라함의 권위와 긴밀히 연결되어 작동한다. 지금껏 우리가 읽어온 요한복음의 내용은 일관되게 예수님이 누구인지를 제시하고자 했다. 요컨대, 예수님은 생명의 빵으로 이 세상에 오신 하느님이라는 사실을 누누이 강조하는 것이 요한복음이다. 유다인들은 이 사실을 두고 갈등했는데(7,40-44 참조), 예수님 때문이 아니라 실은 지난 역사 속에서 자신들이 지켜온 의식 체계의 혼란 때문이었다. 예수님을 두고 사유하고 그의 정체성에 접근해서가 아니라 그동안 지켜온 것에 대한 집착이 예수님을 갈등의 대상으로 만들어버린다.

유다인들의 의식 체계는 '하나'로 요약된다. 하느님은 한 분이셔야 하고, 그 하느님을 따르는 길은 자신들이 과거부터 켜켜이 쌓아온 율법을 통해서만 가능했다. 유다인들은 하느님을 아버지라 불렀다(8,41). 하느님을 아버지라 여긴 것은 유다인들의 오래된 신관이었고(신명 32,6; 이사 1,2; 63,16; 64,8 참조), 이 신관은 국수주의적 폐쇄성을 부추겼으며, 율법을 통해 다른 민족과의 차별을 공고히 했다(신명 6,1-3.17.24-25 참조).

'한 분이신 아버지'라는 인격체는 율법이라는 제도와 규칙을 통해 '하나'라는 화석이 되어갔다. 아브라함은 이런 유다인들의 사회적 현상을 견지해주는 보증수표였다. 신앙의 길에 두말없이 순순히 따라나섰던 아브라함은, '하나'이신 하느님께 선택된 '하나'의 백성으로 떳떳하다는 유다인들의 자존감을 위한 제물로 손색이 없었다. 유다인들은 아브라함을 통해 하느님을 만난 것이 아니라 자신들의 폐쇄적 자존감을 치장하는 데 바빴고, 아브라함의 권위로 하느님의 백성이라는 자신들의 정체성을 유지하는 데 급급했다. 하느님이 누구시든, 아브라함이 누구든 상관이 없었다. 그리고 그 뒤편에서는 열심히 율법을 재생산하며 선민주의적 진영 논리를 더욱 견고히 했다. 유다인들에게 '하나'는 자신들의 이름만 드높이는 바벨탑이었다.

여기에는 하나의 위험이 도사린다. 하느님을 믿는다면서 다른 제도나 규칙, 존엄한 권위 등에 기댈 때에는 자신을 잃어갈 위험이 상존한다. 말하자면 사랑해서 결혼한다면서 혼수로 열쇠 몇 개는 되어야 한다고 조건을 제시하는 모순을 답습하는 셈이다. 예수님은 '사람'으로 유다인들 앞에 서 있다. 그 '사람'은 '지금, 이 자리'에서 하느님으로 스스로를 계시한다. 어디에도 기대지 않은 채, 있는 그대로, 예수님의 모습 하나로 유다인들과 대화한다. 유다인들은 그 대화 속에 참 많은 것을 욱여

넣는다. 아브라함은 물론이거니와 예수님의 출신 성분까지 들먹인다(8,48). 그들은 지금 하느님을 논하는 것이 아니라 자신들의 의식 체계가 파탄되어 가는 것을 증명하는 꼴이다. 그들은 그들 자신을 잃어가는 셈이다.

예수님은 유다인들이 죄를 지어 종노릇하고 있다고 말한다(8,34). 죄는 단순히 윤리 도덕적 책임을 불러오는 개인의 일탈이 아니다. 죄의 근본은 '더 먹음직스럽고, 더 유식해질 것 같으며, 더 멋져 보일 것 같은' 것에 대한 개인의 폐쇄적 욕망에서 시작한다(창세 3,6 참조). 욕망은 현실을 있는 그대로 용인하지 않는다. 현실을 자기 편한 대로 조작하고 편집한다. 복음에 나오는 유다인들이 그렇다. "우리는 아브라함의 후손으로서 아무에게도 종노릇한 적이 없습니다"(8,33). 감히 하나밖에 없는 하느님의 백성이 종노릇했다고 말하다니! 유다인들은 예수님에게 화가 단단히 난 모양이다. 그러나 유다인들은 바빌론에, 페르시아에, 그리스에, 그리고 로마 제국에 철저히 종노릇해 왔다. 역사가 그 사실을 말한다. 이만하면 유다인들은 제정신이 아니다.

사람으로 오신 하느님, 예수님을 보고도 알아보지 못하는 의식의 파탄, 그건 믿음이 없어서가 아니라 – 이 구절의 시작은 예수님을 '믿는' 유다인이라 분명히 말한다! – 믿음이 순수하지 못하기 때문이다. 하느님을 믿으면서, 아브라함을 존경하면서, 심지어 예수님까지 믿으면서 유다인들은 자신들의 욕망을 대변하는 각종 이해관계를 믿음으로 치장한다. 믿음은 유다인들의 욕망을 유지하기 위한 블랙홀과 같다. 오만 가지를 다 던져놓고도 믿는다고 강변하는 유다인들은 실제 하느님을 죽일 수 있는 살인자들과 맥을 같이한다(8,40).

믿는 것은 하나다. 한 분 하느님을 믿고, 그분의 말을 전하는 이를 믿는 것. 아브라함이든 21세기를 살아가는 우리든 세상 태초부터 있던 것에 대해 거짓 없이 있는 그대로 볼 줄 알고 들을 줄 아는 것이 믿음이다. 예수님이 아브라함이 태어나기 전부터 자신이 있었다고 하신 말씀은, 태초부터 육체를 갖고 숨을 쉬었다는 뜻이 아니다. 예수님은 태초부터 하느님과 하나로 이제껏 하느님의 말을 담아내고 있다는 말이다. 예수님과 하느님은 태초부터 하나였다. 본디 하나를 둘로 갈라놓는 것이 사탄이고 악마이며 거짓이고 살인이다. 갈라지는 건 오로지 제 삶이 기대고 싶은 다른 무언가에 몸과 마음을 뺏긴

노예근성 때문이다. 그것을 믿음으로 치장하는 건 민망하거나 유치한 일이다. 다시 복음의 처음으로 돌아가보자. 한 분 하느님, 예수님 안에 머무는 것은 '자유'로운 일이다(8,32). 하나 안에 머물러야 자유롭다. 하나를 보고 그 너머 다른 것을 보려는 것은 탐욕이다. 하나를 있는 그대로 하나로 보는 자유, 거기에 순수한 믿음이 있다.

23

앎의 폭력(9장)

요한 8장에서 예수님은 유다인들과 격정적 토론을 치르셨다. 예수님은 유다인들에게 인정받지 못한 메시아였고, 유다인들을 향해 '살인자의 자식, 거짓의 자식, 악마의 자식'이라고 질타하셨다(8,44). 유다인들은 예수님께 돌을 던지려 했다(8,59). 토론의 양상은 갈등과 폭력으로 치달았다.

몸을 피해 성전에서 나오다가 예수님은 태생 맹인을 만난다. 몸이 아픈 이를 보면 마음이 짠해서 안타까워하거나 아니면 어떻게든 나을 방도가 없을까 함께 아파하는 게 인지상정

일 텐데, 이야기는 맹인의 '죄'를 문제 삼는 것으로 시작한다. '병은 곧 죄'라는 게 라삐 신학에서는 일반 상식이었다(5,14; 야고 5,15-16). 태어나면서부터 맹인이 된 것은 분명 조상으로부터 하느님의 징벌이 이어진 탓이라는 게 그 이유다(탈출 20,5; 신명 5,9 참조).

예수님은 태생 맹인을 고쳐주셨고(9,1-7), 이를 두고 바리사이를 중심으로 한 유다인들은 또다시 갈등을 불러일으킨다. 안식일에 태생 맹인을 고쳐 안식일 법을 어겼으니 예수님은 메시아가 아니라는 게 유다인들의 주장이다(9,16). 예수님은 그가 태어나면서부터 눈이 먼 것은 조상의 탓도, 그 자신의 탓도 아닌 '하느님의 일'을 드러내기 위함이라고 하신다(9,3). 하느님은 저주하고 짓누르며 파괴하시는 분이 아니라 아픈 이를 돌보고 낫게 하시는, 인간에 대한 연민이 가득한 분이라고 예수님은 이르신다. 유다인들은 이 치유가 하느님의 일이 아니라 했고 안식일 법을 근거로 예수님을 소외시킨다. 하느님의 뜻은 예수님 편에 있는가 아니면 유다인들 편에 있는가, 우리는 선택해야 한다.

갈등의 대부분은 예수님의 부재중에 펼쳐진다(9,8-34). 주석학자 대부분은 이 갈등이 예수님 부활 이후, 그분이 더는 지상에서 살과 피를 지니고 살지 않을 때 예수님의 정체성을 두고 펼쳐진 교회 공동체의 현실을 예수님의 이야기 안에 각색해 삽입한 것으로 이해한다. 이야기는 대체로 예수님에 대한 부정적 판단을 다그치는 것으로 결론지어졌고, 유다 사회의 기존 인식 체제가 그만큼 견고하다는 사실을 재확인시킨다. 태어나면서 맹인이면 계속 맹인이어야 한다는 인식, 그래서 계속 죄인이어야 한다는 사회적 통념이, 맹인이 치유되었다는 사실을 거부한다. 어찌 보면 이 갈등은 예수님의 문제가 아니라 예수님에 대한 그 시대 '해석'의 문제였고, 개혁적·급진적 인식을 갖추기에 너무나 평범한 이들의 보편적 해석이 문제였다. 그 평범함을 유다 종교 지도자들은 유지하려 했다. 평범할수록, 현실을 그대로 용인할수록 그 사회의 기득권은 늘 제 이익을 유지할 수 있으니 말이다.

하여, 사회적 평범함은 대개 그 사회의 권력에 종속된다. 태생 맹인의 이웃들이 그러했듯, 사회 권력을 통해 기존 인식 체제를 확인하는 작업을 거치면서 평범함은 더욱 견고하고 폐쇄적으로 변한다(9,13). 태생 맹인의 부모조차 바리사이로 대변되는 그 사회의 권력을 두려워했고, 자기 아들에 대한 변호를 회피한다(9,21-22). 예수님의 부활 이후 초대 그리스도교 공동체는 유다 사회와의 갈등과 대립 속에 살았다. 그리스도인들에게 예수님은 하느님이자 메시아였지만 유일신 사상에 집착한 유다인들에게는 그 사실이 불편했다. 90년경의 얌니야 종교회의에서 유다인들은 그리스도교 공동체를 저주하고 단죄했으며 유다 사회에서 격리하였다. 태생 맹인의 부모가 그렇게 행동한 것은 예수님을 거부한 게 아니라 사회적 합의를 거스르는 것에 대한 두려움과 비겁함 때문이었으며, 권력은 그것을 이용했다. 사회적 권력은 그렇게 사람들의 무한하고 창조적인 인식 작용을 가로막은 채 점점 더 견고해진다.

그럼에도 태생 맹인만은 달랐다. 그는 예수님이 행한 '사실'에 집중한다. 예수님이 누군지, 그분이 죄인인지 아닌지 단정하지 않는다(9,25). 그는 예수님을 예언자라 고백하고(9,17) 오히려 바리사이들을 눈먼 이, 귀먹은 이로 규정한다(9,27). '사실'에 집중하는 것이 사회적 통념을 손질하는 데 유용하다. 태생 맹인은 예수님을 몰랐다. 다만, 예수님이 자신에게 베푸신 '일'에 대해 진솔하게 증언했을 뿐이고, 그 '일'을 직접 행하신 예수님을 만났을 때, 그는 '믿는 이'로 거듭나게 된다(9,38). 믿음의 길은 요한복음이 쓰인 당시의 사상, 사변적이고 정신적인 것을 중시하여, 육적이고 가시적이며 감각적인 것을 외면하고 폄훼한 모든 사상(대표적인 것은 영지주의와 묵시주의였다)에 저항하는 길이었다. 믿음은 제대로 보고, 제대로 알고, 있는 그대로를 직시하는 데서 시작한다. 요한복음 후반부에 등장하는 토마스 이야기에서 우리는 이러한 믿음의 역사성과 육체성을 다시 볼 수 있을 것이다. 태생 맹인을 두고 벌어진 유다인과 예수님의 갈등은 있는 그대로의 현실에 다른 의미를 부여했기 때문에 발생한 것이다. 사실에 입각하지 않은 의미 부여는 실은 공염불이고 유토피아적 망상에 가깝다.

공부하고, 기도하고, 평생 수도를 한다 해도 현실 감각이나 직관, 그리고 수용이 결여된다면 예수님을 모를 수 있다. 우리가 예수님을 아는 건, 예수님이 이 세상에서 살고 죽고 부활하셨기 때문이다. 이 '사실'은 그대로 남아 있고, 믿음은 그 '사실'에 대한 해석의 확장이고 증언이다. '사실'을 있는 그대로 보지 못하고 듣지 못하는 건, '과거'에 머물러 '지금'을 상실한 데에서 기인한다. 9,34을 읽어보자. "그러자 그들은 '당신은 완전히 죄

중에 태어났으면서 우리를 가르치려고 드는 것이오?' 하며 그를 밖으로 내쫓아버렸다." 태중에서부터 병을 앓으면 죄인이라는 당시의 인식 체계를 받아들인다 하더라도, 이건 아니다. 태생 맹인은 이미 맹인이 아니다. 그렇다면 더는 죄인이 아닐진대, 바리사이들에게 태생 맹인은 여전히 죄인이고, 그래서 공동체에서 제거된다(9.34). '과거'가 '지금'을 도려내고 그 자리에 썩는 내가 진동하는 수구적 중얼거림만 난무한다. "저자는 눈이 멀었다, 눈이 멀었다, 눈이 멀었다."

9장의 이야기는 예수님을 제대로 볼 수 있는 눈을 키워내는 것을 목적으로 한다. 태생 맹인은 예수님을 보고 들었지만, 바리사이를 중심으로 한 유다인들은 그렇지 못했다. 모세의 후손이라 율법에 누구보다 충실했던 바리사이와 유다인들이 예수님을 보고 듣지 못하는 건, 율법을 몰라서가 아니라 '살아 있는 하느님'을 '화석이 된 하느님'으로 모셨기 때문이다. 유다 사회에서 쫓겨난 태생 맹인은 다시 예수님을 만난다. 어쩌면 예수님을 만난다는 것은 인간 세상의 완고함과 폐쇄성에서 해방된 이들의 특권일 수 있다. 예수님은 줄곧 하느님을 증언하고 입증하지만, 그것을 보고 듣는 것은 우리 인간의 몫이다. 요한복음에서 말하는, 나아가 복음서 전체에서 말하는 '죄'의 본질은 제 행동거지에 대한 윤리 도덕적 판단에 있지 않다. 죄의 본질은, 깨닫지 못하고 모르는 것을 자신이 가진 얄팍한 지식과 정보로 안다고 우기는 데 있다. 대개 그 지식과 정보는 사회 권력이 오랫동안 재단하고 설계한 획일적이거나 편향적인 것임에도 말이다. 태생 맹인은 '모른다'고 했고, 모르기에 '믿는다'고 했다. 모르면 물어야 되고, 모르면 알고자 노력해야 한다. 미지의 세계에 투신하는 용기의 부족이 믿음의 길을 멀게 한다. 몰라서 기존 인식 체제에 기생하는 태생 맹인의 부모나, 그 부모의 환생인 지금 '우리'는 또다시 예수님을 거부하고 단죄하고 죽일 수 있는 비겁함의 주인공일 수 있다.

    지리멸렬한 과거에 언제까지 '지금'을 저당 잡히며 살 것인가. 나는 도대체 어떤 예수님을 원하는가, 나는 도대체 예수님을 원하기는 한 걸까, 또한 믿고는 있는 걸까, 나는 도대체 예수님을 알기는 한 걸까. 이 질문이 나를 해방하고 나의 눈을 제대로 뜨게 만들 것이다.

24

목자이신 예수님 (10,1-21)

7장에서 시작한 초막절의 막바지에, 예수님은 당신을 목자에 비유하신다. 목자 이야기 다음인 10,22에서는 성전 봉헌 축제라는 시간적 배경이 언급된다. 셀레우코스 왕조의 임금이었던 안티오코스 4세 에피파네스의 치욕스러운 통치와 성전 훼손에 저항한 유다 사회의 독립을 기념하는 날(기원전 164년)이 성전 봉헌 축제다. 앞서 살펴본 대로 초막절 동안, 유다 사회는 예수님을 메시아로 받아들이는 데 유독 완고했고, 그런 예수님을 어떻게든 겁박하고 비난하려 했다. 마치 이스라엘이 광야에서 초막을 짓고 살던 때 하느님께 불평하는 모습과, 예수님을 두고 펼쳐진 유다 사회의 광기 어린 비난이 교차되는 듯하다. 초막절이 끝나고 이스라엘이 진정으로 독립한 것을 기념하는 성전 봉헌 축제를 시작하면서, 요한복음은 이스라엘의 진정한 통치자요 임금이 누구인지 우리에게 묻는다. 그리하여 예수님을 '목자'로 비유하는 이야기를 통해, 1장에서 나타나엘의 입을 통해 제기된 예수님에 대한 신앙 고백, 곧 '이스라엘의 임금님'이라는 신앙 고백을 다시 한번 되새겨봄직하다.

예수님은 목자의 일반적 모습을 먼저 들려주신다(10,1-6). 이어서 당신 자신을 목자에 빗대어 설명하시되 거짓 목자의 민낯과 대비하여 참된 목자이신 당신의 희생을 언급하신다(10,7-18). 이 두 이야기에 대한 반응이 그리 긍정적인 건 아니다. 제자들은 말씀을 깨닫지 못하고(10,6), 예수님을 두고 유다인들 사이에 논란이 벌어졌기 때문이다(10,19). 요한복음은 질기도록 예수님과 유다인의 논란을 이어간다.

도둑이나 강도와 대비되는 참된 목자는 '문'으로 들어가는 이다(10,2). 문지기는 목자를 알아보고 문을 열어준다. 목자는 자기 양들의 이름을 하나씩 부르고, 또 양들은 그의 목소리를 아는 것으로, 서로 간의 '신뢰'를 드러내는 중심축이 된다. 참된 목자의 비유를 읽을 때 우리는 이러한 '신뢰' 관계를 도외시하는 실수를 범한다. 목자에게만 집중해 목자를 예수님과 곧장 연결해버림으로써 문지기와 양들의 역할을 상대적으로 외면한다. 하지만 문지기가 목자를 알아보지 못해 문을 열어주지 않으면 목자는 양들에게 들어가지 못하고, 양들이 목자의 목소리를 알아듣지 못하면 그 목소리는 허공의 메아리일 뿐이다. 앞서 안식일 법을 들이대며 예수님과 논쟁을 펼쳤던 바리사이들을 예수님은 눈먼 이며 죄인이라고 단정했다(9,39-41). 아무리 참된 진리도 듣는 이가 눈을 감고 귀를 닫아버리면 무용지물이 될 뿐이다. 본래 목자의 비유는 구약의 하느님과 그분 백성의 '신뢰 관계'에서 파생된 개념이다(시편 23편; 80,2; 이사 40,10-11). 하느님은 이스라엘의 참된 목자이시며, 그 하느님을 저버리고 제 이익에 눈이 멀어 백성을 잘못 이끌었던 이스라엘의 임금들은 거짓 목자, 나쁜 목자로 하느님과 대비된다(예레 23장; 에제 34장; 이사 56,9-12). 목자는 양을 통해 그 가치가 돋보이고, 양은 목자의 형상을 통해 하느님과 만날 수 있다.

 그러므로 '목자'는 단순한 상징이 아니라 서로의 신뢰를 근본으로 하는 관계의 총체다. 그런 뜻에서 예수님이 당신을 "나는 문이다"(10,9)라고 계시하신 뜻을 헤아려볼 수 있다. 그리스어 '투라(θύρα)'를 '문'으로 번역했는데, '투라'는 안과 밖을 구분하는 개념이 아니라, 안과 밖을 연결하는 통로이며 구원과 풀밭을 불러오는 매개체로 이해될 단어이다(10,9). 통로와 매개체로서의 예수님은 어떠한 조건이나 제약을 두지 않는다. '누구든지' 통할 수 있는 문, '누구든지' 생명을 향해 나아갈 수 있는 출발점으로 예수님은 자리매김하신다. 어떤 삶을 살든 예수님을 거치는 이는 구원과 생명을 보장받는다는 사실은 이 세상을 너무나 사랑하신 나머지 외아들을 보내신 하느님의 무한한 사랑과 맞닿아 있다(3,16-17).

요한복음에서 '세상'은 하느님을 거부하는 암흑인 동시에, 역설적으로 하느님의 사랑이 놓이는 구원의 대상이라는 이중적 의미를 지닌다. 이러한 이중적 의미는 '문'으로서의 예수님을 이해하는 데 긴요하다. 문은 걸러내고 통제하는 게 아니라 '모두'가 들어올 수 있되, '모두'가 들어올 수 없는 곳이기도 하다는 역설을 이해하기 위해서다. 구원과 생명은 그것을 원하는 이가 누릴 수 있는 무한히 개방된 자리이지만, 그것을 거부하는 이에게는 폐쇄적일 수밖에 없다는 말이다. 예수님은 이런 역설적 논리를 보증하는 유일한 문으로 모두에게 열려 있다(사도 4,12; 1티모 2,5).

예수님은 "착한 목자"(10,11ㄱ)다. '착하다'라는 형용사는 윤리 도덕적·율법적으로 의롭거나 바른 행실을 가리키는 게 아니다. '착하다'라는 의미를 지닌 그리스어 '칼로스(καλός)'는 악과 대비되는 '진실하고 올바른 것'을 가리킨다. "착한 목자는 양들을 위하여 자기 목숨을 내놓는다"(10,11ㄴ). 여기서 '착함'은 다시 규정되어야 한다. '착함'은 홀로 진실되고 올바른 것이 아니라 양을 위해 자신을 희생하는 것이고, 양들을 알고 양들과 함께 지내는 '연대'의 가치를 지닌다. 이 '착함'에 반反하는 삯꾼은 양 떼를 흩어버리는 이리를 보고도 달아나며, 그로써 양들과의 관계는 사라진다(10,12). '착한 목자'인 예수님이 보여주는 양들과의 연대는 이 지상 것만도, 지금의 것만도 아니다. 목자와 양이 서로 아는 것은 하늘의 아버지와 예수님이 아는 것과 같다고 예수님은 말씀하신다. 예수님이 양들을 알고 그들을 위해 목숨을 바치는 것은 하늘의 아버지께서 예수님으로서 우리 신앙인들 틈에서 죽어가는 것과 같은 이치다. 그 죽음이 하나의 우리(울타리), 한계 지어진 틀 안에서 기념되고 기억되어서는 안 된다. 예수님은 우리 안에 없는 양들, 아직 그를 모르고, 그를 몰라서 하늘의 아버지도 모르는 '익명의 그리스도인'들에게도 구원의 길을 열어놓는다(10,16). 예수님은 그렇게 땅이 하나 되고, 그 땅이 하늘과 하나 되는 '연대'의 길을 당신 십자가의 순간까지 지속해서 만들어 나가실 것이다.

물론, 예수님의 십자가는 육체적 생명의 끝이고 현실 논리에 짓밟힌 실패다. 그럼에도 끝은 또 다른 시작이며 실패는 성공의 또 다른 이름임을 십자가의 논리는 우리에게 가르쳐준다. 십자가는 하느님 아버지와 아들 예수님의 사랑의 시작이고 새로운 생명의 시작이며, 그 생명 안에서 우리는 영원히 '승리'하시는 예수님을 만난다(10,17). 이 시작은 예수님의 전적인 자유로 가능하고, 그 자유가 절대적으로 당신의 뜻이라 여기는 아버지 하느님의 배려로 가능하다(10,18). 예수님과 하느님은 이 자유 안에 한 분이신 하느님이시다.

문이자 목자로서, 예수님에게는 오직 하나의 목표가 있을 뿐이다. 그 목표는 요한복음의 목표이기도 하다. 이 세상이 암흑일지라도 인간으로 오신 하느님을 믿고 따르는 길을 제시하는 것이다(20,31). 이 믿음의 길에 장애가 되는 것은 서로가 서로를 보지 못하고 갈라 세우는 데 익숙해져 버린 마음의 편협함이다(6,52; 7,12.25; 9,8-9.16; 10,19-21; 11,36-37). 유다인들의 논란을(10,19-21) 유심히 바라보자. 무엇 때문에 그들 사이에 논란이 일어나는가. 예수님이 마냥 싫어서, 그의 가르침이 낯설어서일까. 아니다. 유다인들의 논란은, 실은 자신들의 내적 분열에서 온다. 마귀가 들렸다며 예수님을 거부하는 듯하지만, 그들의 눈앞에 펼쳐진 수많은 표징, 특히 눈먼 이의 눈을 뜨게 한 힘(9장)은 마귀가 아니라 하느님에게서 온다는 걸 그들이 알기 때문이다. 눈먼 이를 고치는 것은 메시아 시대의 징표로 유다 사회에 오랫동안 각인된 것이다(탈출 4,11; 시편 146,8; 이사 29,18).

가끔 이런 생각이 든다. 신앙이라는 게 별건가. 다투지 않고 갈라 세우지 않고, 조금씩 양보하며 서로를 보듬는 게 신앙이 아닌가. 사실, 그게 힘들다. 옳고 그름이 명백히 내 안에 자리 잡고 있고, 그 옳고 그름에 대한 나의 기준이 참으로 객관적이고 합리적이라고 우기는 옹졸함이 우리를 힘들게 한다. 예수님이 우리의 참된 목자요 임금이시라는 사실을 받아들이는 것은 예수님에 대한 객관적 정보의 유무나 그분에 대한 믿음의 깊이 정도에 달려 있지 않다. 다만, 우리는 모두 함께 살아간다는 사실, 서로의 목소리가 필요하다는 사실을 깨닫는 것에서부터 예수님은 목자로서 우리와 함께 계신다. 우리는 이런 서로를 향한 애틋한 관심과 지향성을 '회개'라고 부른다.

25

떠남(10,22-39)

예수님은 유다인들의 존재 가치를 대변하는 성전 안 솔로몬 주랑을 거닐고 계신다. 말하자면 예수님은 적진 깊숙한 곳에 가 계신 셈이다. 때는 성전 봉헌 축제 기간이었다. 흔히 '하누카'로 불리는 이 축제는 12월경 여드레 동안 이어진다. 하누카는 이스라엘이 기원전 164년 셀레우코스 왕조의 안티오코스 4세 에피파네스의 박해에서 벗어나, 유다 마카베오와 그의 형제들의 호위 아래, 그리스 신상들로 더럽혀진 예루살렘 성전을 하느님께 새롭게 봉헌한 것을 기념한다(1마카 1장; 4장 참조).

과거의 역사를 축제로 더듬는다는 건, 그 역사의 의미를 오늘에 되살리기 위함이다. 그것은 또한 과거 하느님의 도움으로 셀레우코스 왕조의 억압에서 벗어난 역사가 로마의 지배를 받는 오늘 이 시간에 다시 이루어지기를 희망하는 일이기도 했다. 달리 말하자면, 하느님의 개입을 상징하는 메시아 시대의 바람이 성전 봉헌 축제를 매년 거행하는 이유이기도 했다. 그래서일까. 유다인들은 또다시 예수님을 향해 설전을 시작할 태세를 갖춘다. 되새김의 시간과 장소에서 예수님은 자신의 메시아성에 대해 유다인들과 논쟁을 벌인다. 새로운 봉헌의 시간과 자리에서 유다인들은 메시아로 파견된 예수님을 알아보지 못한다. 아니 믿지 못한다(10,25).

예수님은 하느님의 일을 위해 세상에 왔고, 유다인들은 예수님의 일을 두고 하느님의 일이 아니라 한다. 어쩌면 '일'의 문제는 부수적이다. 유다인들이 알고 싶은 건, 예수님의 행위가 아니라 예수님의 정체다. "당신은 언제까지 우리 속을 태울 작정이오? 당신이 메시아라면 분명히 말해주시오"(10,24). 유다인들은 예수님이 '분명히'(그리스어 '파레시아 $παρρησία$', 곧 '대담히', '신뢰할만하게' 등의 의미를 지닌다) 말해줄 것을 요구한다. 유다인들의 마음속에는 예수님을 메시아로 고백할만한 신뢰가 없다는 것이다.

사실, 예수님은 요한복음에서 당신이 누구인지 직접적으로 말씀하시지 않았다. 예수님은 당신을 소개하는 데 있어 비유를 즐겨 사용하셨다. 빵, 빛, 목자, 문 등의 표징을 통해 예수님은 사람들에게 당신이 하는 일이 곧 메시아의 일이고 하느님의 일이며 그것이 세상을 사랑하는 일이라고 에둘러 말씀하셨다. 분명히 말해달라는 유다인들의 요구를 일정 부분 이해할 수 있는 것은, 우리도 살면서 고난이나 예기치 못한 일을 겪을 때, 혹은 예수님이 누구신지 의심스러울 때 예수님께 그런 요구를 하는 까닭이다. '분명히 말해달라'는 것은 어찌 보면, '내 마음에 쏙 들게 말해달라', '나를 위해 말해달라'는 자기중심적 요구에 지나지 않는다. 유다인들에게 메시아는 모세와 같이 위엄과 권위가 있어야 했다(신명 18,15.19 참조). 예수님은 그들에게 낯설고 부족했으며 가당치 않았다.

예수님이 줄곧 보여준 '표징'은 누군가에게는 낯설지 몰라도 다른 누군가에게는 믿음의 이정표로 각인되었다. 이를테면, 예수님이 당신을 빗대어 표현한 수많은 표징은 믿는 이들을 위한 하나의 작업터다. 제 삶의 자리에 가만히 앉아서 감나무에서 감이 떨어지기를 기다리듯 메시아를 기다리는 이에게 예수님은 더 이상 메시아가 아니다. 믿는 이들의 작업은 예수님의 행적과 말씀을 받아들이고 제 삶 안에서 사유하며 그것이 무엇을 의미하는지 묻고 또 묻는 것이다. 그 사유와 질문은 예수님의 행적과 말씀을 제 삶 안에 끌고 들어와 체화하는, 이른바 예수님과의 인격적 유대 관계 안에 머문다.

유다인들이 예수님을 받아들이지 못하는 건, 예수님과의 인격적 관계 안에 머물지 못하기 때문이다. 고쳐 말하자면, 예수님의 양이 아니기 때문이다(10,26). '양'의 가치는 '따름'에 있다. 예수님을 따르는 건 예수님 안에 머물기 위함인데, '손'이라는 형상으로 구체화된다(10,28). 예수님의 손안에 머무는 것이 양의 존재 가치다. 그리고 예수님의 손은 아버지의 손과 하나다(10,29). 양, 예수님, 아버지가 '손'이라는 형상 안에서 친교를 이룬다(10,30). 믿음이란 그 '손' 안에 들어가 있느냐 아니냐의 문제다. 유다인들은 성전을 봉헌했어도 하느님의 '손'에 들지 않았다. 그들은 건물로 하느님을 찾았고, 건물로 하느님을 잃었으며, 다시 건물로 하느님을 되찾았노라 기념하고 축하했을 뿐이다. 하느님 안에 머무는 이는 결코 생명을 잃지 않을 것이고, 하느님 역시 당신의 손안에 머무는 이를 결코 놓지 않으신다. 기억할 것은 그 어떤 것도 하느님과 예수님의 사랑에서 우리를 떼어놓을 수 없다는 사실(10,29), 그럼에도 그분의 사랑에서 멀어지는 유일한 이유는 바로 우리 자신에게 있다(로마 8,38-39; 갈라 5,2-4).

예수님은 살덩이로 이 세상에 오셨다. 건물로서의 하느님에 집중한 유다인들이 그분을 알아볼 가능성은 애당초 없었다. 좋은 일을 보거나 신기한 일을 보아도 유다인들에게 예수님은 하느님이 아닌 살덩이를 가진 인간일 뿐이다(10,33). 우리는 살덩이를 가진 예수님을 참된 하느님으로 믿고 고백하는 게 쉬울지 몰라도, 실은 그렇지 않다. 우리가 머물기 원하는 '손'이 어떤 것인지 살펴보면 그 이유가 분명해진다. 내 자식의 입시, 내 배우자의 성공, 내 가족의 건강, 내 돈벌이의 안정, 내 안위의 유지, 내 봉사의 인정 등, 내가 어디 한 번이라도 '나'를 떠나 그 다른 '손'으로 가려한 적이 있었는가? 유다인들도 양들처럼 목자를 따라 떠나지 않았기에 참된 하느님이신 예수님을 죽이려 했다. 신성모독의 죄로 말이다(레위 24,16). 예수님은 '먼저'

떠나왔고, 그래서 '먼저' 양이 되었고, 먼저 '믿는 이'가 된 셈이다. 아버지와 하나라는 예수님은 아버지에게서 떠나왔으나, 그 떠남이 그를 하느님의 외아들, 하느님이 지독히도 사랑하는 소중한 아들로 인지할 가능성을 열어주었다. 이스라엘 백성에게 하느님은 처음부터, 광야의 거친 삶에서부터, 떠돌아다니는 유목민의 하느님으로 나타나셨다. 이스라엘의 기억 속에 각인된 그분은 시공간에 얽매이지 않는 자유롭고 역동적인 하느님으로, 그야말로 '떠남'의 하느님이셨다.

예수님은 유다인들 역시 하느님의 손안에 와서 친교를 이루며 살아가도록 초대하신다. 예수님에게는 모든 이가 신성을 지닌 존재였다. "내가 이르건대 너희는 신이며 모두 지극히 높으신 분의 아들이다"(시편 82,6). 예수님이 율법을 인용하는 것은 유다인과 대립하기 위해서가 아니다. 유다인이든 그 누구든 하느님의 말씀을 받아들이는 이라면 신이 되고 신의 아들이 될 수 있다는 가능성을 일깨우기 위함이다. 그 가능성 안에서 예수님은 유다인과 하나가 될 또 다른 방법을 지향한다. 예수님의 의도는 빛이 독보적 존재로서 가치를 뽐내는 데 있지 않다. 어둠을 제거하는 게 아니라 어둠을 품어 안는 게 예수님이 빛으로 이 세상에 온 이유다.

예수님은 끝까지 유다인들과 하느님의 자리에서 하나 되길 원하신다. "나를 믿지 않더라도 그 일들은 믿어라"(10,38). '일들'은 아버지와 아들이 한 자리에 함께 머무는 것을 증거하는 표징이다. 유다인들이 그 자리에 오고 안 오고는 전적으로 그들의 자유다. 안타깝게도 유다인들의 선택은 예수님을 배척하는 것이다. 예수님은 그들의 '손'에 들지 않으셨고(10,39), 그래서 예수님과 유다인들은 여전히 찢어지고 갈라지며 불목했다.

매 순간 우리는 새로운 사건과 소식 때문에 서로 갈라지기도 하고 화합하기도 한다. 사건과 소식은 새로운데 우리의 인식 체계와 그 과정은 대개 낡고 진부하다. 세대 차이 나는 어르신들 혹은 젊은이들과의 대화가 그렇고, 세상을 바라보는 진보와 보수의 견해차에서도 확연히 드러나는 사실이다. 그럴 때마다 되돌아볼 것은 하나다. 나는 어디에 머물고 있는가. 내가 머무는 곳이 나를 이 사회와 공동체를 떠나게 하는가, 아니면 나를 옥죄고 있는가를 되돌아볼 일이다. 예수님은 '떠남'으로 머무르셨다. 하느님과 하나 되기 위해 떠나셨고, 그것으로 하느님의 자리에서 하느님으로 살아 계신다. 우리가 우리이기 위해, 내가 나이기 위해 어디로 떠날 것인가. 어디에서 진정한 우리를, 또 나를 찾을 것인가.

26

믿음과 삶(11장)

라자로 이야기는 요한복음의 앞부분, 즉 '표징의 책'(1-12장)이라 불리는 부분에 나오는 마지막 표징적 사건이다. 카나의 혼인잔치에서부터 예수님은 믿는 이들을 모아들이기 위해 여러 표징을 보여주셨고, 이제 일곱 번째 표징인 라자로 이야기를 통해 믿는 이를 재촉하는 이야기를 결말짓는다. '영광의 책'으로 불리는 예수님의 수난과 죽음에 대한 이야기는 13장부터 펼쳐질 것이다.

'표징의 책'에서 '영광의 책'으로 이어지는 요한복음의 구조는 생명에서 죽음으로 향하는 예수님의 역사적 행보를 그려낸다. 죽음을 향한 행보를 시작하기 바로 직전(11,53 참조), 예수님은 라자로를 통해 생명을 이야기하신다. 생명에 대한 이야기는 역설적이게도 예수님의 죽음을 배경으로 펼쳐진다. 벳자타 못가에서 병자를 고치신 이야기 말미에 유다인들은 예수님을 죽이고 싶어 하는 속내를 드러냈다(5,18). 예수님이 라자로를 살리시고 나서는 유다인들의 지도자들인 대사제와 수석 사제들이 그분을 죽이려고 공식적으로 결정한다(11,47-53). 라자로 이야기는 세상이 예수님을 배척하는 길을 그려나갈지라도 예수님은 여전히 생명의 길을 제시한다는 역설적 이야기의 흐름을 보여준다.

생명으로 가는 길은 단순히 살덩이에 숨이 붙어 있는 상황을 향해 가는 게 아니다. 예수님이 누구신지에 대한 질문이 생명의 길에서 끊임없이 제기된다. 당신 자신을 내어놓고 먹으라 하셨고, 그래서 세상에서 먹히고 죽임을 당하는 길, 바로 십자가의 길이 생명의 길이었다. 세상을 너무나 사랑하시는 하느님의 생명의 길은 죽기까지 당신을 내놓으시는 십자가의 길로 향해 있었다. 십자가의 길이 생명의 길이 될 수 있다는 사실을 받아들이는 건, 전적으로 믿는 이들의 태도에 달렸다. 라자로 이야기의 목적은 죽은 이가 다시 살아났다는 초자연적 사건을 보여주는 데 있지 않고, 예수님이 말씀하시는 생명에 대해 진지하게 고민하게 하는 데 있다.

 사실, 라자로를 살리는 일은 다급했다. 그럼에도 예수님을 중심으로 펼쳐지는 이야기는 느리고도 느리게 진행된다. 라자로가 죽을 만큼 중한 병에 걸렸음에도 예수님은 좀처럼 움직이지 않으신다. 오히려 예수님은 라자로의 병을 다르게 규정하신다. '하느님과 그 아들의 영광'을 위한 것이라 하신다(11,4). 죽음의 의미를 긍정적으로 해석하는 건, 대개 죽음을 피하고 싶은 인간의 나약함과 두려움 때문이다. 그러나 예수님이 죽음을 '영광'이라 하신 건 죽음을 회피하고 싶은 마음에서 그런 게 아니다. 그 '영광'은 진정 죽음의 자리에서 밝게 드러날 것이다. 라자로가 죽음에서 다시 살아난 것도 그렇고, 나아가 예수님이 죽음을 통해 다시 부활하신 것도 그렇다. 하느님의 영광은 '통합적' 영광이다. 하느님은 죽음과 생명이 철천지원수가 되는 것으로, 서슬 퍼런 심판으로 불의와 정의를 냉혹하게 가르는 것으로 영광을 드러내시지 않는다. 서로 보듬고, 서로 화해하고, 서로 사랑하는 데서 하느님의 영광은 드러난다. 죽음의 자리라도 마다하지 않으시는 하느님의 영광이 라자로의 소생을 통해 다시 한번 드러나려 한다.

라자로라는 이름(히브리어로 '엘리아자르'인데, '하느님은 도움이시다'라는 뜻을 지닌다)이 드러내듯 하느님이신 예수님은 라자로를 통해 죽음에서 생명으로 가는 길을 보여주실 것이다. 인간의 논리가 쉽사리 유연해질 수 없다는 것을 증명하듯 제자들은 죽음의 자리를 고수한다(11,8-10). 반면, 예수님은 빛을 이야기하신다. 빛이 있으면 넘어질 리가 없다. 죽어가는 라자로를 향하기보다 예수님은 제자들을 가르치신다. 예수님(빛)이 계시면 죽음(어둠)은 없다는 사실을 제자들에게 가르치신다. 라자로의 어둠, 곧 죽음을 없애러 가시는 예수님은(11,11) 지근거리에서 함께하는 제자들의 무지함을 어떻게든 고쳐놓으려 하신다. "우리도 스승님과 함께 죽으러 갑시다"(11,16)라는 토마스의 결연한 외침은, 예수님을 알아가는 일에 아직 서툰 이가 지닌 순진한 열정을 드러낸다. 토마스는 예수님을 따르는 것이 십자가의 길이라는 사실은 명확히 알았으나(마르 8,34; 2코린 4,10 참조) 십자가 너머 부활의 자리까지는 다다르지 못했다. 부활이요 생명이신 예수님을 아는 데는 아직 시간이 필요하다.

가르침의 대상은 제자들로 시작해서 마르타로 이어진다(11,21-22). 마르타에게 예수님은 치유자로 인식될 뿐이었다. "주님, 주님께서 여기에 계셨더라면…." 이 말투는 예수님의 시간을 둘로 찢어놓는다. 예수님의 치유 능력은 라자로가 살아 있던 시간 즉 과거에만 가능했다는 것, 그래서 지금은 예수님이 소용없다는 것이다. '당신은 여기, 이 순간에, 내가 원하는 일에만 필요하다'는 논리, 그리 낯설지 않다. 입시, 취업, 건강, 행복, 성공을 위한 순간에는 예수님이 강력히 요청되나 그 외의 일상에서는 예수님이 소외되거나 유폐되는 현상, 그리 낯설지 않다. 생명 자체이신 예수님을 삶의 근본이 아닌 삶을 지탱하는 부수적 담보물로 여기는 우리의 민낯이 마르타의 논리 저변에 무겁게 내려앉아 있다.

예수님은 마르타에게 라자로가 살아날 것이라 말씀하시고(11,23) 마르타는 그 말을 믿는다고 한다. 하지만 생명에 대한 믿음은 '아직'이다. 마르타는 예수님의 말씀에서 '마지막 날'이라는 유다인들의 희망을 재확인할 뿐이다(11,24). 복음서들 중 오직 요한복음에서만 등장하는 '마지막 날'이라는 표현은 다가올 '종말'의 시간을 가리키는 것으로 나타난다(6,39.40.44.54; 12,48). 중요한 것은 요한복음의 그 '종말'이 예수님을 통해 '지금' 실현되었다는 사실이다. 마르타는 예수님을 주님으로 고백하지만(11,27) 지금 여기서 라자로를 살릴 생명 그 자체로 예수님을 받아들이지 않는다. 마르타의 '지금'은 죽은 지 나흘이나 되는 라자로의 시신에 머물러 있을 뿐이다(11,39).

예수님이 말씀하신 생명은 사후 세계의 희망이 아니다. 마지막 날에 주어질 선물이나 보상도 아니다. 지금 여기서 벌어질 구체적 사건이고 상황이다. 요한복음은 이런 사실을 여태 강조해왔다(3,16; 5,24-25; 11,25-26; 20,31). 생명은 그리하여 '지금, 여기' 예수님과 맺고 있는 관계에서 시작되어야 한다. 나는 지금 여기서 예수님을 만나고 있는가. 나의 기존 습속과 가치관 때문에 예수님을 저만치 밀쳐놓고 있지는 않나. 예수님과 나 사이에 세상 것을 마구 끼워넣고 있는 건 아닌가. 대개 '지금'을 예수님이 이미 주신 생명의 시간으로 인식하지 않는 건, 세상을 살아내는 데 지치거나 힘들어서, 현실을 부정하고 '더 나은 내일'을 갈망하는 데서 시작된다. 지금의 삶이 힘든 건, 생명이 없어서가 아니라 지금을 함께 살아낼 희망이 없어서가 아닐까. 지금 아파하며 죽어가는 이를 쳐다볼 여유가 없어서가 아닐까. 그저 내일을 각자의 방식으로 계획하기에 바빠서 지금을 죽이고 있는 건 아닐까. 예수님이 주시는 생명의 가치는 그것이 매력적이든 아니든, 지금 여기 살아 있는 우리들 안에서 인식되고 실현되는 것이다. 지금을 받아들이지 못한 채 내일의 허상만 더듬는 우리의 욕망이 생명 자체이신 예수님을 여전히 '지금'이 아닌 '아직'의 상태로 내몰고 있는 듯하다.

마리아에게서도 마르타의 논리는 여전히 이어진다(11,32). 예수님은 죽음에 허덕이는 인간의 나약함에 마음이 북받치고 산란해지셨다(11,33). 그리스어로 '마음이 북받치다'는 '엠브리마오마이(ἐμβριμάομαι)'이다. 직역하면 '말[馬]처럼 콧방귀를 끼다' 정도가 된다. 즉, 화가 났거나 불쾌할 때, 그 감정을 여과 없이 드러내는 행동이 이 동사에 담겨 있다. 예수님은 라자로의 죽음과 그 죽음의 세계에 파묻혀, 생명의 주인이요 메시아로 온 당신을 알아보지 못하는 마리아와 유다인들에게 강한 반감을 드러내고 계신 것이다. 유다인들은 그런 예수님을 두고 라자로를 끔찍이 사랑하셨다고 여긴다(11,36). 유다인들에게 예수님은 죽음 앞에서 아무것도 하지 못하는 나약한 선생일 뿐이다. 어쩌지 못해 울고만 있다고 예수님을 바라보는 유다인들의 무지한 해석에 속이 답답하다. 마르타, 마리아, 유다인들까지, 예수님을 이리도 모른단 말인가.

예수님은 라자로의 무덤 앞에서 또다시 북받치는 감정을 표현한다(11,38-40). 라자로의 무덤 앞에서 인간의 논리와 하느님의 논리는 정확히 맞붙는다. 무덤의 돌을 치우는 건, 완고하고 폐쇄적인 인간의 논리를 끝내고 그 무모함과 불신을 깨뜨리는 것이었다. 하느님의 현존은 정확히 인간의 한계에서 시작한다. 필요한 건 딱 하나, 예수님의 한마디다. 죽음에서 생명으로 라자로를 불러내는 건, 예수님의 한마디면 되었다. 신적 능력의 초월성이나 우월성을 강조하자는 게 아니다. 애당초 예수님은 생명이었고, 그로서 이 세상의 메시아였다. 메시아가 현존하는 자리에는 죽음이 함께하지 못한다는 게 신앙의 핵심이었고, 그 신앙은 '지금 여기서' 이루어진다는 사실이 라자로의 소생을 통해 입증된다. 제자들, 마르타, 마리아의 '아직'이 라자로의 되살아남으로 '지금'이 되었다.

라자로가 되살아난 사건은 예수님 부활에 대한 전조적 표징이다. 예수님의 빈 무덤 이야기와 연결되고(20,5-7), 죽으러 가

자던 토마스의 부활에 대한 고백으로 이어진다(20,24-29). 그러나 이 표징적 사건이 누군가에게는 폭력을 불러일으키기도 한다. 예컨대, 유다 최고 의결 기구인 최고 의회는 예수님을 죽이려 한다. 인간 세상의 권위는 하느님의 생명을 말살하는 데 집중된다(11,53).

라자로의 이야기는 믿음으로 생명을 꾸려가야 함을, 생명이 곧 믿음의 현장임을 깨닫는 자리다. 각자가 만나는 예수님은 다를지라도, 그 예수님을 통해 지금의 제 삶을 무시하거나 왜곡하지 말아야 한다는 사실을 라자로를 통해 기억해야 한다. 사는 건 믿는 것이되, 믿음이 지금 삶이 아닌 다른 곳을 지향한다면 여전히 지금 여기에 오신 예수님을 가로막거나 죽이는 것임을 우리는 기억해야 한다. 지금의 삶을 묻고 따져서, 도대체 무슨 일이, 무슨 뜻이 지금 이 자리에서 빚어지는지 알아가는 비판적 사랑이 지금 여기에 살아 계신 예수님을 만나는 길이다.

27

To Be or Not To Be(12,1-36)

이야기의 시작은 잔치다. 라자로를 살려낸 예수님을 위한 잔치로 마을은 흥겨웠다. 잔치는 생명을 주신 예수님에 대한 감사고, 경배다. 성경 본문이 말하는 대로 잔치의 중심에는 예수님이 계신다. "거기에서 예수님을 위한 잔치가 베풀어졌는데…"(12,2). 마르코복음과 달리 요한복음은 예수님의 예루살렘 입성을 앞둔 시점에 마리아의 도유 이야기를 언급한다(마르 11,1-11; 14,3-9 참조). 말하자면, 수난과 죽음의 자리인 예루살렘에 들어가시기 전, 예수님은 이스라엘의 임금들처럼 기름부음 받음을 통해 이 세상의 참된 임금으로 드높여지신다. 다만, 그 임금님은 가시관을 쓰고 수난받으시는 분이라는 사실이 곧 밝혀질 테다(19,1-3).

잔치라는 공간은 이 세상의 힘 있는 임금님으로 예수님을 맞이하려는 인간의 욕망이 가득한 자리다. 라자로를 살려내셨으니 예수님을 기쁘게 모시려는 사람들의 마음을 이해 못할 바는 아니다. 그런 가운데, 마리아의 도유는 잔치의 흥겨움과는 다소 거리가 있음이 분명하다. 값비싼 나르드 향유를 예수님의 발에 붓고서 자신의 머리카락으로 그분의 발을 닦기까지 한 마리아의 행동은 상식적인 행위가 아니다. 더욱이 공식적인 잔치 자리에서 여인이 자신의 머리카락을 풀어헤치는 행동은 유다 사회의 풍습에서 낯설고 불편하며 지탄의 대상이 될 뿐이었다. 마리아는 예수님을 위한 잔치를 망치고 싶은 것일까.

적어도 유다에게는 그랬다. 비싼 향유의 값어치에 관심이 많은 유다는 도둑이었다(12,6). 요한복음에서 유다는 악한 사람으로(6,70), 사탄을 받아들이기까지 한(13,27) 멸망하도록 정해진 자로 등장한다(17,12). 스승 예수님조차 팔아넘기길 마다하지 않은 유다(12,4)에게, 가난한 이에 대한 배려는 처음부터 어울리지 않았다. 마리아의 행동은 온전히 예수님께 집중된 반면, 유다의 계산은 향유의 경제적 가치에 집중된다. 유다는 자신과 예수님 사이에 삼백 데나리온으로 대변되는 거대한 장벽을 세워놓았다. 향유의 값이 삼백 데나리온이라는 사실을 모를 리 없었을 마리아는 경제적 가치의 장벽, 상식과 관습의 벽을 뛰어넘어 예수님께 내달렸다. 어쩌면 마리아야말로 '예수님을 위하여' 베풀어진 잔치(12,2)에 가장 합당한 인물이 아닐까.

향유 냄새는 집 안 가득 퍼졌다. 유다의 셈법도, 주위의 불편한 시선도 향유 냄새를 막지 못한다. 향유는 오로지 예수님을 위한 것이었고, 그 냄새가 퍼져나간 건 예수님을 향한 마리아의 열정이 온 집 안에 가득 찬 것과 같다. 우리는 11장에서 죽음의 냄새를 기억한다. 라자로가 무덤 안에 있을 때, 마르타는 나흘이나 지난 시신 냄새를 언급하며 예수를 막아섰다(11,39). 마르타는 예수를 받아들이기 이전에 라자로의 죽음에 짓눌려 있었고, 인간 한계의 끝자락인 죽음 때문에 생명인 예수님을 알아차리지 못했다. 예수님은 죽음에 갇힌 라자로를 살려냄으로써 생명이며 부활인 당신의 정체성을 드러내셨다.

마리아의 행동에 대한 예수님의 평가는 이야기를 새로운

방향으로 전환시킨다. "이 여자를 그냥 놔두어라. 그리하여 내 장례 날을 위하여 이 기름을 간직하게 하여라"(12,7). 루카복음의 병행 이야기에서는 용서받은 여인의 사랑 표현으로 도유의 의미를 풀어내신 예수님이셨지만(루카 7,38.44-48 참조), 요한복음에서는 마리아의 도유가 당신의 장례를 위한 것이라 규정하신다. 라자로가 살아난 것을 축하하는 잔치에 예수님의 죽음을 겹쳐놓는 요한복음의 편집에 주목하자. 요한복음의 독보적 가치는 이러한 역설적 편집에서 도드라진다. 마리아의 도유는 죽음의 시간을 향해 있지만, 그 죽음의 시간이 곧 생명을 축하하는 자리에서 시작한다는 사실은 강한 여운을 남긴다. 예수님이 예루살렘으로 향하시는 죽음의 길이 당신의 영광을 드러내시는 길임을 우리는 안다. 마리아의 도유는 예루살렘에 입성하시기 전, 예수님의 죽음을 이해하는 우리의 자세를 다시 고쳐놓는다. '죽음이 끝이 아니다, 죽음은 생명이어야 한다'는 믿음의 결연한 자세를 우리에게 요구하고 있다.

예수님은 생명을 주러 오신 당신을 어떻게든 없애려는 세상 권력과 직접적으로 맞서게 된다(12,9-11). 이 대립은 요한복음이 쓰인 1세기 말엽 유다 공동체와 그리스도교 공동체의 대립이기도 했다. 12,11의 '떨어져 나가다'와 '믿다', 두 동사가 대립 상황을 간접적으로 드러낸다. 유다인들 중 예수님을 믿고 그리스도교 공동체로 발길을 옮기는 것은 유다의 회당에서 퇴출당하는 것인 동시에 예수님을 하느님으로 믿어 고백하는 일이기도 했다. 이러한 믿음의 길은 예수님의 십자가를 담아내는 고난의 길임에도 1세기 말엽의 그리스도인들은 담대히 그 길을 걸어나갔다.

죽음이 기다리는 예루살렘에, 예수님은 마치 임금과 같이 입성하신다. 사람들은 종려나무 가지를 들고 승리한 임금을 맞이하듯 환호했다. 고대 근동의 임금들이 전장에 나가 승리한 후 돌아올 때의 장면과 닮았다. 요컨대, 죽음의 길은 승리의 길로 채색돼 있다. 죽음보다는 생명을, 파멸보다는 승리를, 좌절보다는 희망을 달라고 외치는 군중들은 승리의 분위기를 한껏 고조시킨다. "호산나! 주님의 이름으로 오시는 분은 복되시어라"(12,13; 시편 118,26 참조). 군중이 외치는 '호산나(הושיעה־נא)'는 파스카 축제 때 순례객들이 예루살렘 성전에 다다랐을 때 불렀던 시편 노래다(시편 118,26). 매년 반복된 '호산나' 노래는 예수님을 통해 전혀 새로운 의미로 불린다. 삶의 고통에서, 현실의 압박에서, 세상살이의 먹먹함에서 구해달라는 간절한 청원이 담긴 '호산나'의 외침은 더 이상 반복될 이유가 없는, 그야말로 마지막 외침이었다. 예수님이야말로 기다리던 메시아, 바로 그분이라는 사실이 군중의 외침에서 강렬하게 되새겨진다. 어찌 보면 군중은 예수님이 힘겨운 전투에서도 승리할 수 있는 힘센 임금이길 바랐는지 모른다(이사 31,1-3; 1열왕 5,6 참조). 이런 군중의 모습을 두고 바리사이들은 이렇게 되뇌었다. "이제 다 글렀소. 보시오, 온 세상이 그의 뒤를 따라가고 있소"(12,19). 요한복음이 바라는 건, 온 세상이 빛으로, 생명으로 오신 예수님을 받아들이는 것이었다. 그러나 이건 아니다. 예수님은 세상의 어떤 권력도 무너뜨릴 힘 있는 메시아로 이 세상에 오신 게 아니었다(6,15 참조).

예수님은 말이 아닌 나귀를 타고 예루살렘에 입성하신다(12,15). 요한복음 저자는 예수님을 겸손한 메시아로 표현한다(즈카 9,9 참조). 세상 위에 군림하는 임금이 아닌 겸손한 이스라엘의 임금이 예수님이시며 십자가는 그 겸손에 가장 걸맞은 표징이 될 것이다. 군중의 외침처럼 가장 높은 데를 향하는 인간의 습성은 가장 낮은 데를 마다하지 않는 메시아 예수의 삶과 엇박자를 낸다. 그럼에도 간혹 자신의 자리를 박차고, 기존 습성에서 해방되어 예수를 제대로 따르고자 하는 이들이 있다. 축제 때 예배를 드리러 올라온 그리스 사람 몇몇은 '신을 두려워한 이들'이었다. 대개 그리스 사람들은 신들의 세계를 인정하며 제 삶을 지켜줄 특정한 신을 찾아 나섰다. 그들 중 몇몇이 예수님을 신으로 고백하며 다가선 것이다. 나귀를 탈 만큼 겸손하고, 십자가를 질 만큼 어리석은 예수님을 신의 반열에 올려놓고 받아들이기란 여간 힘든 일이 아닐 텐데, 그리스 사람 몇몇은 예수를 찾았다(12,21). 요한복음의 시작에서 기존 삶의 습속이나 인식의 틀을 깨고 예수님을 찾아 나선 제자들의 무모한 모습과도 많이 닮았다(1,38.40.43-44).

예수님을 찾아 나서는 길은 십자가와 맞닿아 있다. 다만 그 십자가는 요한복음에서 늘 영광의 자리라는 사실이 강조되었다. 예수님은 십자가가 영광일 수 있는 이유를 땅에 떨어져 죽는 밀알에 빗대어 가르치신다. 밀알이 죽어 많은 열매를 맺듯 당신의 십자가상 죽음이 새로운 생명의 시작임을 알리신다(12,24-25). 공관복음에서는 예수님을 따르는 것이 십자가를 지는 것이라고 명시적으로 밝히지만(마르 8,34-35; 마태 16,24-25; 루카 9,23-24 참조), 요한복음은 십자가 대신 예수님이 머무시는 곳에 그분을 따르는 이가 함께할 것이라고 말한다. 요컨대 요한복음은 십자가의 길을 예수님과 믿는 이들이 함께 만나는 것으로 이해한다. 예수님과의 만남이 생명이고, 예수님의 십자가의 길은 나약하고 한계를 지닌 인간이 예수님 덕택에 신적 생명을 누릴 수 있는 영광의 길이 된다는 것이다. 예수님은 당신이 짊어질 십자가의 '시간'을 영광의 때라고 하셨다. 예수님이 이겨내셔야 할 십자가의 시간이 괴롭고 힘들어 피하고 싶은 시간이기도 하지만(12,27), 그 시간을 통해 아버지의 이름은 영광스럽게 되고, 많은 이가 생명을 얻어 누릴 것이다(12,25.32). 예수님의 시간에서는 죽음이 생명이라는 역설이 이루어진다. 예수님은 그것 때문에 세상에 오셨으며 세상에서 사셨다(12,27).

예수님의 지상 여정은 이제 점차 죽음으로 치닫는다. 그럴수록 예수님은 생명에 대해 더 많이 이야기하신다. 예수님은 마리아의 도유를 당신의 장례 준비라고 이르시는 것을 시작으로, 이 세상에서 당신을 온전히 내려놓고 비워냄으로써 지상 삶을 정리하고자 하셨다. 예수님은 삶을 완전히 내려놓음으로써 영원히 살 수 있는 길을 우리에게 가르치신다. 삶의 마감이 생명이 되는 건, 삶에 대한 집착이 아닌 해방을 통해 가능하다. 해방은 지금의 자리에 대한 부질없는 욕망과 이기적 계산을 부끄럽게 한다. 엄청난 경제력으로 호의호식하며 세상 위에 군림하듯 사는 이들은 돈과 권력에 대한 집착으로 살아 있음에 대한 찬미를 잃어버릴 가능성이 크다. 오늘의 집착은 내일의 화사한 빛을 거부하고 어둠의 막막함으로 인생을 분칠해 버린다. '내일 어떻게 더 벌까?', '내일 나는 더 큰 성공을 할 수 있을까?' 하며 평생 근심과 불안의 시간을 짊어진 채 살아갈 뿐이다. 야고보서는 이런 부자들을 다음과 같이 힐난한다. "그대들의 금과 은은 녹슬었으며, 그 녹이 그대들을 고발하는 증거가 되고 불처럼 그대들의 살을 삼켜버릴 것입니다. 그대들은 이 마지막 때에도 재물을 쌓기만 하였습니다"(5,3).

아무리 화려한 성공을 이룬다 해도 우리 모두는 늙어가고 죽어간다. 그러므로 인생을 부여잡고 버티기보다 인생을 비워내고 내려놓는 데서, 고쳐 말하면 죽음을 향한 여정을 받아들이는 데서, 참된 생명의 가치는 드러날 것이다. 예수님이 가르치고 걸어가신 생명의 길은 죽어야 가능한 꽤나 어려운 길이지만, 찰나에 스러질 재물과 명예, 권력 등을 애써 챙기고 고집하는 일보다야 쉽지 않겠나. 그냥 잠시 모든 짐을 내려놓는 데서 예수의 죽음은 생명으로 각인될 터이다. 사느냐 죽느냐의 문제는 내가 나로서 있느냐, 아니면 부수적인 것들에 사로잡혀 있느냐의 문제다. 예수님은 순전히 당신 자신으로 서 계셨다. 그래서 죽으셨으나 다시 살아나신 것이다. 나는 무엇으로 사는가. 나는 정말 살아 있는가, 아니면 죽어가고 있는가.

28

무모한 이성 (12,37-50)

세상의 완고함은 결국 예수님을 거부한다(12,37). 예전부터 하느님은 인간의 완고함 앞에 속수무책이었다(예레 5,21; 에제 12,2; 신명 29,2-4). 인간의 완고함은 신마저 아무런 힘을 쓰지 못하게 한다. 아니, 신의 가르침을 내던지고 그의 종을 죽이기까지 한다. 이사야는 이런 하느님의 '무능'을 가감 없이 드러내는데, 이사 53장의 고난받는 야훼의 종을 통해서다. 요한복음은 고난받는 야훼의 종의 모습에서 예수님의 운명을 읽어낸다.

고난받는 야훼의 종은 죄가 없음에도 죄인의 자리를 마다

하지 않았고 도살장에 끌려가는 어린양의 운명을 피하지 않는다(이사 53,7). 세상으로부터 버림받고 고통받는 것이 야훼 하느님이 인간 세상에서 선택한 당신 삶의 방식이었다. 세상은 그런 하느님에 대해 차가웠다. 이사야는 이렇게 묘사한다. "너는 저 백성의 마음을 무디게 하고 그 귀를 어둡게 하며 그 눈을 들어붙게 하여라. 그들이 눈으로 보고 귀로 듣고 마음으로 깨닫고서는 돌아와 치유되는 일이 없게 하여라"(이사 6,10). 이스라엘의 차디찬 마음을 우회적으로 비판한 대목이다. 다만 요한복음은 이사야의 이 대목을 약간 다르게 수정한다. 예언자가 아니라 주님이 직접 사람들의 눈을 멀게 하셨다고 말한다(12,40). 탈출기에서는 파라오의 마음도 완고하게 만드셨던 주님이기도 하다(탈출 4,21 참조). 우리는 이런 말씀들을 어떻게 이해할 수 있을까. 주님이 당신의 뜻을 받아들이지 못하게 사람들을 완고하게 만들었다는 것인가.

요한복음은 이사야 예언자의 말을 유다 사회와 대립한 예수님의 처지와 연결해서 사유한다(12,41). 이사야가 예수님의 영광을 보았다는 것이다. 예수님의 영광은 세속의 권력이나 명예의 유무에 저당 잡혀 있지 않다. 요한복음은 십자가에서, 세상으로부터 버림받는 데서 예수님의 영광을 되새긴다. 유다인들이 예수님을 받아들이지 않는 것은 세상의 영광을 포기하지 못하는 속내가 작동한 까닭이다(12,43). 예전 이스라엘 백성이 하느님을 거부한 논리도 마찬가지다. 하느님을 믿으면서도 세속의 논리와 세상의 힘이 가지는 달콤함에 빠져 하느님과 권력, 성공, 명예 등을 뒤섞어서 신앙이라 고집했던 게 이스라엘이었다. 그럼에도 하느님은 예언자들을 통해서, 그 어떤 죄를 짓더라도 하느님 앞에서 하얀 눈같이, 깨끗한 양털같이 용서하리라 약속하신다(이사 1,18 참조). 백성이 마음을 닫고 무디게 만들더라도 모든 게 하느님의 섭리와 사랑 안에 머무는 것이라고, 하느님은 백성에 대한 사랑을 절대 포기하지 않으신다고 말씀하신다. 그 하느님의 사랑이 예수님이 걸어가시는 죽음의 길에, 유다인들이 여전히 하느님을 거부하고 받아들이지 않는 완고함의 한가운데를 걸어가시는 예수님의 모습 안에 다시 그려지고 있다. 이사야의 한 대목을 인용하면서 '주님'께서 마음을 완고하게 하셨다고 말하는 요한복음의 저자는 그 완고함 속에서 한결같은 하느님의 사랑을 읽어내고 있는 것이다.

대개 인간의 완고함은 무지나 오해, 또는 신념에 근거하지 않는다. 완고함은 사회적 이해관계에 따른 제 앞날에 대한 걱정에서 기인한다(12,42). 제 이익에 흠이 갈 때, 완고함은 극에 달한다. 1세기 후반의 유다 사회는 예수님을 받아들이고 믿는 것에 유독 민감했다. 90년경 얌니아라는 곳에 유다의 라삐들이 모여 그리스도인들을 단죄하고 유다 사회로부터 격리한 터였다. 사회에서 격리되는 것은 사회적 동물인 인간에게 사망 선고나 다름없고 요한복음 역시 그러한 두려움을 간접적으로 드러냈었다(9,22; 16,2).

예수님은 세상을 구원하러 오셨다(12,47). 구원은 무엇보다 하느님을 만나게 하는 것, 요한복음의 표현을 빌려 말하자면 생명을 얻는 것이다(12,50). 예수님이 지향한 만남은 유다 사회가 응답한 '단절'과는 거리가 있었다. 요한복음의 첫째 부분, 그러니까 '표징의 책'이라 불리는 전반부의 결론에 해당하는 12,44-50은 유다인들의 단절이 하느님과의 단절이라는 사실을 명확히 한다. '영광의 책'이라 불리는 13장부터는 예수님의 수난과 죽음을 그려낸다. 요한복음은 '표징의 책'에서 믿음을 줄기차게 강조해왔다. 믿음은 예수님을 향한 삶의 전이를 가리켰고, 그것은 하느님을 향함으로써 그분을 만나는 길이었다.

그 길은 인간이 찾아 나선 게 아니었다. 이미 마련된 길이었고, 이미 주어졌으나 인간들이 깨닫지 못한 길이다. 인간으로 오신 하느님이 그 길을 이미 준비했다. 살덩이로 인간 세상에 먼저 오셨고, 빵으로 먹히기 위해 그리도 자세히 가르치고 설득했던 예수님이 준비했다(6장). 예수님은 천상의 한 자리를 차지하시고 지상을 향해 당신을 믿으라 설파하신 게 아니었다. 인간 세상 한가운데 인간으로 오셔서 인간 사이에서 말씀하셨다. 그런 예수님을 받아들이지 않는 것은, 실은 인간을 받아들이지 않는, 인간 그 자체를 사랑하지 않는, 그래서 인간을 좌지우지하고, 인간을 제멋대로 부리고자 하는 비인간적 모든 행태를 사랑하는 것이다. 인간의 완고함은 신을 몰라보는 게 아니라 인간 세상 안에 이미 존재하는 인간다움을 망각하는 것이다.

살덩이든 빵이든 먹으라고 내놓는 건, 먹으면 그만이다. 사실 믿는 건 단순한 행위다. 묻지도 따지지도 않는 의탁이 믿음의 전제 조건이다. 신앙을 이야기할 때, 억지스럽게 강조되는 게 이성의 작용이다. 이성이 제대로 작동해야 맹신하지 않는다는 소위 합리적인 자세는, 무턱대고 믿는다는 어눌하고 서툰 믿음의 행위를 싸잡아 비난하곤 한다. 그러나 찬찬히 요한복음의 예수님을 되짚어보자면, 도무지 알아들을 수 없는 예수님의 말씀에 제자들조차 거북해했다는 사실이 놀랍다. "이 말씀은 듣기가 너무 거북하다. 누가 듣고 있을 수 있겠는 가?"(6,60) 예수님의 몸을 직접 보지도 만지지도 못하는 우리가 그분의 존재를 간파하고 마음으로 받아들이는 것에는 얼마간의 무모함과 맹신이라 비난받는 대책 없음이 적절히 뒤섞인 게 아닐까. 믿음은 있는 그대로 바라볼 줄 아는 단순함과 사람이 무엇보다 소중하다는, 그래서 누가 되었건 함께하고픈 마음을 나누는 것이다.

이성은 신앙과 대비된 채 조력자로서 자리매김하는 경우가 많다. 이성을 마치 참된 신앙을 위한 필요조건으로 생각하곤 한다. 그런 이성으로 예수님을 받아들이지 않는 유다인들을 비이성적이라 비난하는 것이 이성적인지 되돌아볼 일이다. 유다인들의 불신이야 당연히 요한복음에서 부정적으로 묘사되지만, 예수님은 그런 유다인들, 나아가 어둠의 상징인 세상마저 사랑으로 껴안으셨다(3,17). 요한복음은 두 갈래로 찢어진 세상, 즉 선한 이와 악한 이를 갈라놓고 빛으로 어둠을 단죄하며 불신을 신앙의 이름으로 심판하는 세상의 완고함에 반기를 든 복음이다. 요한복음의 이성은 이원론적 사고의 틀을 제거하는 데 소용되어야 한다. 유다인들이 완고한 건 그들의 계산이 이원론적이었다는 데 있다. 세상의 영광을 좇으면서 이미 와 계신 하느님을 받아들이지 못하는 것은, 저 천상의 하느님을 영원히 천상에 유폐한 채 지상을 둘로 갈라 세우는 지독한 분열의 이성이 작동한 까닭이다.

유다인들 역시 하느님을 믿고 따랐고, 그분의 뜻을 살았다. 요한복음이 쓰였을 무렵 그리스도인들 역시 예수님을 하느님으로 믿고 따랐으며 그분의 뜻을 지켜내려 노력했다. 그럼에도 유다인들과 그리스도인들은 왜 반목했을까? 여기에 신앙을 위한 이성이 필요하다. 제 입장을 두둔하거나 제 신앙의 가치를 드높이기 위해 이성이 작동되어선 안 된다. 그런 이성은 제 편이 아닌 것을 적으로 돌려놓고 비난하는 데 소용되고, 그 끝은 예수님이 죽으면서까지 원했던 사랑과는 아무런 관계가 없다. 요한복음의 이성은 유다인들의 불신을 비난하거나 그리스도인들에게 신앙을 촉구하는 게 아닌, 불신에서 신앙으로 나아가는 여정을 어떻게 다듬어나갈 것인가에 대한 사유와 고민을 담아내야 한다.

그리하여, 요한복음은 묻지도 따지지도 않는 신앙을 위해 이성을 제안한다. 다시 고쳐 말하자면 이렇다. "너는 나를 보고서야 믿느냐? 보지 않고도 믿는 사람은 행복하다"(20,29). 따져보고 만져보고 확인해야 하는 이성과는 다른 이성, 그러니까 보지 않고도 믿을 수 있게 하는 능력이 요한복음이 요구하는 이성이다. 그렇다. 요한복음이 말하는 이성은, 제 입장을 논리적으로 설파하는 능력, 제 가치관을 한층 합리적으로 세련되게 가꾸는 능력, 알아듣지 못하는 이를 깨닫게 할 수 있는 언변과 지혜가 아니라, 이 모든 것을 내려놓을 수 있는 용기다. 아버지가 명령하신 걸, 있는 그대로 받아들이고 설파할 수 있는 용기는 비워내고 내려놓고 죽음에까지 내달리는 무모함으로써만 가능하다(12,50).

요한복음을 읽으면서 유다인들과 자신을 분리하는 태도, 예수님 곁에 있으면 저절로 구원받을 것이라는 편협한 태도는 도움이 되지 않는다. 요한복음의 둘째 부분, '영광의 책'으로 옮겨가는 이 대목에서 우리는 도살장에 끌려가는 어린양을 다시 한번 새겨볼 만하다. 따지거나 대들지 않고 묵묵히 침묵 속에 온전히 내맡기는 결기, 그게 신앙이고 이성이다. 믿는다면서 기껏 현실에 기대어, 지식에 기대어 제 앞날을 걱정하며 적당히 품위 있는 신앙을 챙기는 우리의 비겁함이 도살장에 끌려가는 어린양의 무모한 결기 앞에 어떤 변명을 내놓을지 반성할 일이다.

29

사랑과 배신(13,1-30)

이른바 '영광의 책'이라 불리는 요한복음의 둘째 부분은 예수님이 제자들의 발을 씻어주시는 장면으로 시작한다. '최후의 만찬' 자리에서 예수님은 제자들의 발을 씻기신다. 공관복음은 '최후의 만찬'을 통해 만찬의 형식과 수난의 희생적 의미에 집중하는 반면, 요한복음은 예수님이 죽기까지 보여주신 인간에 대한 사랑과 그 끝없는 헌신을 강조한다. 간혹 드는 생각이지만 요한복음을 읽을 때면 끝없이 반복되고, 때로는 지루하리만큼 되짚어서 그만하면 어떨까, 하는 생각마저 불러일으키는 부분이 있다. 바로 사랑에 대한 이야기다. 앞서 12장까지 계속된 예수님의 이야기도 결국 당신을 사랑해달라는 이야기였다. 제발 이 세상에 이미 와 있는 하느님을 사랑해달라는 이야기였다. 최후의 만찬이 시작되는 자리, 그분이 걸어가셔야 할 십자가의 길이 시작되는 지점에서 예수님은 또다시 사랑의 이야기를 펼치신다.

예수님에게 예루살렘은 죽음의 자리다. 누군가에게 죽임을 당한다는 것은 슬픔이나 절망 혹은 패배로 이해하기 쉬운 게 사실이다. 그러나 요한복음에서 예루살렘은 예수님이 걸어온 지상 삶이 사랑으로 열매 맺는 자리다. 예수님이 세상을 사랑하는 방식은 세상의 미움과 질투, 그리고 위협에 자신을 스스로 내놓는 십자가라는 사실을 요한복음은 13장 이후로 강조할 터이다. 타인을 위한 고귀한 희생으로, 그리하여 끝없이 내어주는 사랑으로 예수님의 수난과 죽음은 그려질 터이다.

요한복음은 세례자 요한의 입을 통해 예수님을 '어린양'으로 지칭한 바 있다(1,29.36). 이스라엘을 살리는 희생양으로서(탈출 12장), 고난받는 주님의 종으로서(이사 53장) 어린양의 운명은 고달팠고 힘겨웠다. 어린양의 희생은 세상의 논리에서 보자면 단지 허망하고 억울할 뿐이다. 그러나 하느님의 섭리는 세상이 결코 이해하지 못하는 방식, 세상이 외면하고 실패로 규정하는 자리에서 실현될 것이다.

그 실현의 첫 단추를 시몬 이스카리옷의 아들 유다가 꿰고 있다. 예수님을 팔아넘기려는 생각을 행동으로 옮겨가는 유다를 두고 요한복음은 악마와 뜻을 같이한다고까지 말한다(13,2). 예수님이 의도했든 안 했든 죽음을 향해 치닫는 이야기의 흐름은 명확하고, 유다는 그 흐름을 주도적으로 이끌어간다. 문제는 예수님이 유다의 의도와 그에 따른 결과를 너무나도 잘 알고 계시다는 데 있다. 당신이 죽으실 줄 알면서도 유다를 그냥 둔다는 것은, 죽음에 끌려가는 게 아니라 담대히 맞서는 것이다. 더욱이 예수님은 이 대목에서 제자들의 발을 씻기신다. 배신이라는 극단의 자리에서 예수님이 보여주신 끝없는 사랑의 행동은 그분이 세상을 대하는 방식을 뚜렷이 드러낸다. 사랑, 그것은 주체적이고 능동적인 선한 의지의 표현만이 아니다. 예수님이 제자들의 발을 씻기는 행위는, 스스로 노예로서 처신하는 것이다. 철저히 자기를 낮춘 자리, 스승이 노예로서 행동하는 절대적 수동의 자리가 예수님이 사랑하는 자리다.

  수동의 자리는 세상이 바라는 능동적 행동들을 받아내는 자리이지 스스로 능동의 주체가 되는 자리가 아니다. 예수님은 발을 씻어주려는 당신을 만류하는 베드로와 대화를 나누는 끝에 유다의 배신에 대해 언급한다. 배신의 탓을 유다에게 돌려 그의 책임을 묻는 게 아니다. 예수님은 사랑을 행하는 자리에 배신이 있을 수 있다는 사실을 담담하고 건조하게 짚으실 뿐이다. 좋은 일, 선한 일, 자비로운 일을 행하는데 거기에 배신을 하다니, 도무지 이해되지 않지만, 가만히 우리의 일상을 살펴보면 그리 낯선 게 아니다. 자식에 대한 사랑, 배우자에 대한 사랑, 세상에 대한 사랑이 진정으로 자식, 배우자, 세상을 있는 그대로 존중하는 데서 시작되는지 우리의 태도를 찬찬히 살펴보자. 우리의 능동적인 선한 의지가 오해받고 왜곡된 채 무시당할 때, 분노를 주체하지 못한 적은 없었는가. 우리는 제 선한 의지의 능동적 주체로서만 자리매김하고자 하는 것은 아닐까. 남이야 어찌 되었건 우리의 선한 의지를 인정받고 싶어 하는 건 아닐까. 대개의 배우자 사랑, 자식 사랑, 이웃 사랑은 인정 욕구에 따른 제 신념의 실천일 가능성이 크다. 수

동의 영성이 필요하다. 모세가 처음부터 민족의 영웅은 아니었다. 그는 별 볼일 없이 양 떼나 돌보며 하릴없이 시간을 허비하던 수동적 인간에서 출발하였다. 이방인의 사도가 된 바오로 역시 율법을 들고 그리스도인들을 박해하던 결기에 찼던 때가 아니라 다마스쿠스로 가다가 주님을 만나 앞을 보지 못하게 된, 그래서 아무것도 할 수 없었던 나약한 사울에서 출발하였다. 하느님께서 역사하시는 순간은 수동적 주체가 능동적으로 드러날 때다.

예수님은 제자들에게 깨끗하다고 말씀하셨다. 깨끗함을 윤리·도덕적 혹은 사회 관습적 옳고 그름의 기준으로 이해해서는 안 된다. "나에게 붙어 있으면서 열매를 맺지 않는 가지는 아버지께서 다 쳐내시고, 열매를 맺는 가지는 모두 깨끗이 손질하시어 더 많은 열매를 맺게 하신다"(15,2). 깨끗하다는 것은 무엇보다 예수님과의 친밀한 관계에 머무는 것을 가리킨다. 물론 그 관계는 하느님과의 일치로 직결된다. 요한복음은 이런 아버지 하느님, 아들 예수님, 그리고 믿는 이의 일치를 자주 언급한다.

다만 일치는 회개를 전제해야 한다(1요한 1,9). 예수님과의 일치는 거룩한 구원이나 보상을 염두에 둔 사업이 되어선 안 된다. 예수님과의 일치는 '수동의 영성', 즉 미움을 미움으로 갚지 않고, 보복에 보복으로 저항하지 않으며, 죽임에 죽임으로 응수하지 않는 한없는 겸손과 희생의 영성을 사는 것이다. 이러한 예수님과의 일치에 머무는 것이 곧 예수님이 말하는 깨끗함이다. 깨끗함은 자신을 전적으로 내맡겨 서로에게 온전히 머물 수 있는 친교와 배려의 자세다.

예수님은 제자들의 발을 씻어주신 후, 수동의 영성을 살아갈 준거를 제시한다. 스승의 가치를 종의 가치와 연결하고, 서로가 서로에게 종이 될 수 있는 구체적 행동을 실천하라고 가르치신다. '서로' 발을 씻어주라는 것이다. 여기에는 어떠한 계급도, 차별도 존재하지 않는다. 그렇다고 각자의 고귀함과 소중함을 잊으란 게 아니다. 무작정 자신을 낮추어 타인을 배려하는 태도는 좋지 않다. 그건 자기 비하로 빠지기 쉽다. 서로에 대한 배려는 서로의 존엄과 가치를 인정하는 것이지, 겸손으로 포장하여 무작정 부추기는 희생이나 극기와는 다르다.

시편 41,10에 언급된 대로 예수님은 유다에 의해 거부당한다. 고대 근동 지역에서 발꿈치를 치켜드는 것은 상대방에 대한 비난이나 경멸의 태도를 의미했다. 예수님은 유다의 비난과 경멸을 외면하지 않고 오히려 담대히 받아들이신다. "네가 하려는 일을 어서 하여라"(13,27) 하며 유다의 배신에 적극적으로 대처한다. 대개의 주석학자는 예수님의 이런 태도를 수난을 향한 절대적 주도권의 행사로 이해한다. 하지만 예수님은 죽음을 갈망하신 게 아니다. 당신을 배척하는 세상을 사랑하는 방법이 십자가였고, 그 사랑이 컸기에 죽음을 감당해내신 것이다. 예수님은 죽음을 향해 주도권을 행사하지 않았다. 그분은 자신을 팔아넘기는 유다를 두고 마음이 산란하셨다(13,21). 그럼에도 배신에 저항으로 맞서지 않았다. 자신을 죽이려 덤벼드는 제자의 일을 자기 일로 받아들일 뿐이다. 그리고 그 일은 하느님 아버지의 일이기도 했다. 아버지의 일은 이 세상이 배척하더라도 세상 안에서, 세상과 더불어 만들어가는 것이다. 그것이 십자가의 길일지라도.

예수님이 이 일을 위해 우리 인간에게 요구한 것은 하나다. '예수님이 사랑하는 제자'의 모습에서 인간에 대한 예수님의 간절한 바람을 읽을 수 있다. '예수님이 사랑하는 제자'는 예수님의 품에 기대어 앉아 있었다(13,23). 원문에는 '아나케이마이 엔 토 콜포(ἀνάκειμαι ἐν τό κόλπό)' 곧 '가슴에 기댄다'고 되어 있다. 예수님의 자리매김 역시 '가슴'과 연관이 있다. 요한복음 서두에 "아버지와 가장 가까우신 외아드님"(1,18)이라고 번역된 것 역시 '에이미 에이스 톤 콜폰', 곧 '가슴을 향해 머물다'라는 뜻이다. '예수님이 사랑하는 제자'는 단순히 예수님과 동고동락한 역사적 존재이기보다는 '지금', '여기'에서 제 삶의 자리를 하느님과 예수님과 일치된 자리로 만들어가는 이다. 예수님은 자신을 죽이려던 유다의 일을 자기 일로 받아들였다. '예수님이 사랑하는 제자'의 삶 역시 예수님의 삶을 따라 살아가는 지난날, 오늘, 그리고 내일의 수많은 그리스도인의 삶이다.

유다는 예수님의 빵을 받고 밖으로 나갔다. 예수님이 빵을 건네시는 행위는, 배신에 사랑으로 응하겠다는 결연한 의지를 드러내는 것이다. 고대 근동은 물론이거니와 유다 사회에서 식사 때 빵을 건네는 행위는 사랑과 신뢰를 담은 것이었다. 빵을 건네는, 사랑을 건네는 예수님을 두고 유다는 밖으로 향한다. 시간은 밤이었고, 빛으로 이 세상에 온 예수님과 확연히 다른 길을 유다는 걸어간다(13,30). 예수님을 사랑하는 길은 빛이 아닌 어둠의 길로 연결된다. 어둠을 거쳐 빛으로 나가는 게 예수님이 선택한 세상 구원의 길이다. 어둠이라고 배척하고 제거하려는 우리의 편협함을 뛰어넘는 자리에서 어둠은 빛이 된다.

우리의 시선이 머무는 13-17장은 전통적으로 예수님의 '고별사'라 불리는 부분이다. 형식과 내용에서 예수님의 '고별사'는 신명기에 나오는 모세의 축복과 닮았다(신명 33장 참조). 모세가 약속의 땅 가나안에 들어가기 전 하느님께 선택된 이스라엘 백성에게 새로운 삶에 대한 축복과 격려를 베푼 것처럼, 예수님을 통해 새로운 이스라엘로 거듭나는 그리스도인들이 세상 안에서 예수님을 하느님으로 고백하며 빛으로 나아가길, 사랑으로 열매 맺길, 그래서 세상 모두를 사랑하고 그 사랑으로 세상에 이기길 바라는 요한복음 저자의 생각이 예수님의 '고별사'에 담겨 있다. 우린 이제 예수님을 죽이려 덤벼드는 세상으로 나아간다. 그 세상은 결코 호락호락하지 않다. 십자가를 강요하는 세상에 사랑으로 응답하는 게 여간 어려운 게 아니니까.

30

예수님의 고별사 I (13,31-14,31)

요한복음에 나오는 예수님의 고별사는 두 개이고(13,31-14,31와 15,1-16,33), 그 고별사들에 이어 하느님과 '하나 됨'을 바라는 예수님의 기도가 뒤따른다(17장). 고별사와 예수님의 기도는 앞으로 펼쳐질 십자가 사건이 가지는 의미를 명확히 드러낸다.

첫 번째 고별사의 시작은(13,1-3) 요한복음의 신학을 요약 정리한다. 먼저 시간에 대한 이해다. 2장부터 시작된 '기다림의 시간'이 이제 수난의 시작점에서 완성의 시간이 되었다(12,23; 17,1 참조). 그 시간은 당신의 사람을 끝까지 사랑하는 시간이다

(1,11; 13,1 참조). 그 사랑을 위해 아버지는 아들의 손에 모든 것을 내맡기셨다(3,35; 13,3). 아버지께서 맡기신 모든 것을 이 세상에 보여주신 아들은 이제 아버지께 다시 돌아갈 때가 되었다(13,3; 16,28 참조). 물론 이러한 사랑의 길에 악마의 저항은 계속되었다. 유다인들의 완고함이 그랬고 고별사 안에 등장하는 유다 이스카리옷이 그랬다(13,27).

이 모든 것이 십자가 안에 수렴되고 완성된다. 요한복음은, 십자가가 단순히 희생과 실패의 상징이 아니라 아버지 하느님과 아들 예수님이 서로를 '영광'스럽게 한다는 사실(13,31-32), 그 영광이 곧 사랑의 완전한 실천이라는 사실(13,34), 그리고 그 사랑 실천은 제자들이 걸어가야 할 길이라는 사실(13,35)을 짚어낸다. 고쳐 말하자면, 십자가는 예수님과 아버지 하느님, 그리고 모든 신앙인이 서로 만나 사랑의 실천이 끊임없이 이어져야 한다는, 하나의 약속이고 희망이며 설렘이다. 예수님은 볼 수도 들을 수도 없는, 현실과 유리된 하느님을 전하지 않으셨다. 당신을 통해 이미 드러나고 선포된, 그래서 우리 인간과 동고동락하시는 하느님을 전하신다. 예수님의 십자가는 이 세상을 너무나 사랑하시는 하느님이 세상을 끝까지 사랑하시고

자 남긴 친교와 일치의 자리인 셈이다. 세상에서 가장 수치스러운 죽음의 자리에 하느님이 현존하고, 그 현존 안에 세상 어떤 것도 흉내 내지 못하는 궁극의 사랑이 살아 숨 쉰다. 1코린 1,23-24는 이런 십자가의 의미를 잘 표현한다. "우리는 십자가에 못 박히신 그리스도를 선포합니다. 그리스도는 유다인들에게는 걸림돌이고 다른 민족에게는 어리석음입니다. 그렇지만 유다인이든 그리스인이든 부르심을 받은 이들에게 그리스도는 하느님의 힘이시며 하느님의 지혜이십니다."

그러나, 인간들에게 십자가의 의미는 달랐다(14,1). '하나'의 사건인 십자가는 얼마간의 이별을 감수할 수밖에 없는 상실의 사건이기도 했다. 예수님은 첫 번째 고별사에서 '떠남'을 이야기한다(14,1-3). 예수님의 부재는 제자들은 물론이거니와 요한복음이 쓰인 시대를 살던 그리스도교 신자들에게 당혹스러운 문제였다. 요한복음 저자는 예수님의 부재를 살아갔고, 그의 독자들 역시 예수님의 빈자리에 익숙했으며, 익숙한 나머지 예수님이 살았던 지상 삶의 추억은 희미해져 갔다. 요한복음의 저자는 십자가를 통해 이 세상을 떠난 예수님이 실은 떠난 게 아니라는 사실을 말하고 싶었다. 눈과 귀로 보고 들을 수 있는 육체의 부재가 존재 자체의 부재가 아님을 강변하고 싶었다. 그래서 예수님은 신앙인들 사이에 여전히, 어떤 형태로든 존재한다는 사실을 가르치려 했다.

요한복음의 저자는 그의 이야기를 듣고 읽는 독자들을 가리켜 자주 "얘들아"(13,33)라고 부른다(1요한 2,1.12.28; 3,7.18; 4,4; 5,21 참조. 여기서는 '자녀'라고 번역하였다). 그리스어로 '테크니온(τεκνίον)'인데, 각별한 인연이나 신뢰와 사랑이 구축된 이들을 가리킬 때 사용되는 단어다. 예수님이 계시지 않는 그 상실의 시간을 채울 수 있는 건, 서로 간의 사랑이 느껴질 만큼 사랑하고 보듬고 위로하며 사는 일이다. 말하자면 이렇다. 예수님은 완전히 떠나신 게 아니었다. 예수님의 떠남은 새로운 만남을 위한 준비의 여정이었다. 아버지의 집에서 예수님과 그분을 따르는 신앙인들이 함께 모여 살 수 있도록 미리 준비하기 위해 예수님은 떠나신다(14,3). 예수님의 떠남은 돌아옴을 전제로 한 '떠남'으로써 '기다림'이라는 희망을 만들어내는 것이었다. 예수님이 떠나서 다시 돌아올 때까지 신앙인들은 그분의 부재를 슬퍼할 게 아니라 그분의 삶을 더듬고 그분의 가르침을 곱씹으며 제 삶이 지향해야 할 궁극의 가치에 예수님의 삶과 가르침을 아로새겨야 한다. 예수님이 만들어주실 신앙인의 거처는 시간이나 공간으로 이해될 성질의 것이 아니라, 예수님의 가르침을 신앙인 서로 간의 사랑 안에 녹여내는 일이어야 했다. 말하자면 예수님은 사랑의 가이드고 사랑을 먼저 실천한 선구자인 것이다(히브 6,20 참조).

예수님의 삶은 길과 진리, 그리고 생명으로 요약된다(14,6). 예수님의 삶을 하느님 나라를 향한 과도기적 가치로 재단해선 안 된다. '길'로서의 예수님은 하느님 현존을 향한 출발점인 동시에 그 현존을 이미 맛볼 수 있는 도착점이다(신명 5,32-33; 시편 27,11; 이사 35,8). 초대 교회에서 '길'은 교회 자체를 가리키기도 했다(사도 9,2; 19,9.23; 24,14.22 참조). 교회는 믿는 이들을 하느님께로 이끌어가는 자리고, 교회 안에서 참된 하느님을 만나고 진리를 얻을 수 있다는 신앙 고백이 '길'의 이미지 안에 녹아 있다. 예수님이 진리이신 것은 예수님을 통해 진리 자체이신 하느님을 이미 만나 뵈었기 때문이고 하느님의 일이 예수님 안에서 드러났기 때문이다(1,14; 4,23-24; 8,32). 구약에서 진리는 하느님에 대한 믿음의 또 다른 표현이기도 했다(시편 26,3; 86,11; 119,30 참조). 예수님이 생명이라는 사실은 생명이신 하느님의 현존이 예수님을 통하여 이 세상에 이미 시작되었음을 말한다(시편 16,11; 잠언 6,23; 10,17). 요컨대 예수님을 봤으면 하느님을 뵌 것이고 예수님의 삶과 가르침을 되새기면 하느님의 현존 안에 믿는 이로 머물 수 있다는 사실이 길과 진리와 생명이라는 표현에 스며들어 있다.

예수님은 이 세상에 하느님을 보여주셨고 세상이 하느님을 눈과 귀로, 가슴과 머리로 직접 보고 듣고 깨달을 수 있도록 인간의 살덩이를 취하셨다(1,14). 이 세상이 당신의 고향이 아님에도 온전히 당신 삶의 자리로 여기셨고, 이 세상의 가장 비루한 곳에 비집고 들어오셔서 하느님으로서 인간으로서 사셨다. 이 세상이 천상이 아님에도 천상의 영광을 이 세상의 가장 비참한 자리, 곧 십자가에서 확연히 드러낸 분이 예수님이시다. 어둠이 싫어서 피한 곳에 빛이 있는 게 아니라 빛이 어둠 속에 있음으로써 어둠과 빛의 대립을 허망하게 만든 분이 예수님이시기도 했다. 처음인 듯 마지막을 살고, 내일의 설렘으로 지금을 기뻐하고, 저곳을 향하되 지금의 자리를 전부로 알고 살아가는 것, 그것이 예수님이 지향하는 아버지 집으로 가는 여정이고 완성이며, 그런 예수님을 보는 것은 이미 아버지를 보는 것이었다(14,7).

필립보는 이런 예수님을 받아들이지 못하고 이해하지 못한다(14,8). 예수님을 보면서도 아버지 하느님을 보지 못하는 그의 몰이해는 예수님의 육체적 부재를 느끼고 살아가는 오늘날 우리 신앙인이 맞닥뜨릴 수 있는 위험이기도 하다. 이를테면 예수님이 없으니 예수님을 찾아 나서야 한다며 자신을 채근하고, 예수님을 따르기에는 지금의 자신은 아직 부족하다고 여기며 좀 더 나은 내일의 멋진 신앙인을 꿈꾸는 우리의 모습이 필립보의 몰이해와 많이 닮았다. '내일'만을 꿈꾸는 신앙인의 태도는 '지금, 여기'에 예수님은 존재하지 않는다는 논리가 전제될 때 가능하다. 아버지를 뵙게 해 달라는 필립보의 말을 다시 한번 꼼꼼히 따져보면 부끄럽게도 하느님 아버지는 존재하지 않으신다는 불신앙의 흔적을 더듬어볼 수 있다. 하느님은 내일에 계시고, 내일의 멋진 신앙인에게 계시고, 지금의 고단함에, 지금의 불만족에, 지금의 부조리에는 계시지 않는다는 열등의식과 피해의식이 필립보의 말에서 느껴진다. 걱정하지 말라. 하느님은 이미 어둠 속에, 이미 인간의 나약함 속에, 이미 우리의 부족함 속에 기쁘게 살아 계신다.

성령은 이런 몰이해를 극복하게 도와주는 존재이다. 요한복음의 성령은 '보호자'다. '보호자'로 번역된 그리스어 '파라클레토스(παράκλητος)'는 도와주고 격려하고 위로하는 존재를 가리킨다. 신비한 은사나 능력을 선물로 주시는 분으로 성령을 이해하는 사도 바오로와는 달리, 요한복음은 예수님이 가르친 바를 다시 깨우치게 하는 '교사'로서 성령을 규정한다(14,25-26). 예수님의 부재를 기다림의 희망으로 바꿔놓는 데 성령의 역할이야말로 매우 중요하다. 예수님이 지상 삶을 통해 가르쳤던 사랑의 삶을 기억하게 하고, 예수님의 부재를 사랑의 실천으로 메울 수 있도록 신앙인들을 가르치는 게 성령의 역할이다. 예수님은 성령을 통해 여전히 살아 계시고 여전히 가르치시며 여전히 육화하고 계신다.

예수님은 다시 돌아오실 것이다. 부활 후 다시 발현할 예수님에 대해 요한복음은 독자들에게 미리 알려준다. 다만 부활한 예수님을 만나는 데 조건이 있다. 사랑이다(14,23-24). 예수님이 다시 돌아올 세상은 모두에게 열려 있되, 사랑해야만 함께 머물 수 있는 세상이다. 사랑하라는 예수님의 계명은 실은 무섭고 떨리는 것이 분명하다. 세상에 맞서 평화를 유지해야 하고 세상을 거슬러 죽어가야 하는 십자가의 길이기 때문이다. 예수님이 주는 평화를 두고 하느님과의 내적 관계에서 이루어지는 영성적 혹은 정신적 평화라고 이해하는 데 우리는 익숙하다. 그러나 영성적이든 정신적이든 평화를 살아내야 하는 이는 현실적 고통과 어려움을 어떻게든 감내해야 한다. 현실의 고통을 벗어난 순수한 정신적 차원의 평화는 존재하지 않는다. 예수님이 십자가의 길을 걸어가는 방식으로 사랑을 실천하셨듯, 우리 신앙인들 역시 현실의 고통과 환난, 그리고 인내 속에 사랑을 살고 전하며 깨우쳐야 한다.

"일어나 가자"(14,31)라는 말씀으로 첫 번째 고별사는 마무리된다. 이야기의 연결이 자연스러우려면 그다음의 이야기는 키드론 골짜기 건너편으로 가는 이야기(18,1)로 이어져야 한다. 그럼에도 요한복음은 굳이 첫 번째 고별사 직후인 15장부터 두 번째 고별사를 등장시킨다. 예수님은 여전히 우리에게 하실 말씀이 많다. 십자가 죽음 전에 우리는 그분의 가르침과 사랑에 흠뻑 젖어야만 한다. 사랑의 표징이고 일치의 상징인 십자가의 길을 외면하지 않도록, 예수님과 함께 그 길을 잘 걸어갈 수 있도록 우리는 더 배우고, 더 깨달아야만 한다.

31

예수님의 고별사 II(15,1-16,33)

예수님의 고별사에는 '사랑'이란 단어가 가득하다. 사랑은 공동체를 이어주는 원리이기도 하고(15,1-17), 세상과 구별되는 그리스도교 공동체의 참된 모습이기도 하며(15,18-16,4ㄱ), 세상 속에서 꿋꿋이 하느님과 하나 되는 인내의 결실이기도 하다(16,4ㄴ-33).

사랑할라치면 제 의지가 그 어느 때보다 강렬하게 작동한다는 것을 경험으로 알 수 있다. 사랑스러운 사람에게 더 따뜻하게 말하고 더 친절히 대하는 것은 억지가 아닌 기꺼운 마음이다. 성경이란 책은 그 시작부터 하느님과 그분 백성의 관계를 집중적으로 사유한 결과다. 창조 이야기부터 서로가 어떻게 조화를 이룰 것인지를 사유하고 그 조화 안에 하느님의 섭리가 존재한다는 사실을 명확히 한다(창세 1장). 행여 인간이 하느님에게서 떠나 제 의지의 포로가 되었을 때도, 하느님은 다시 계약을 맺고 창조 때의 조화로 인간을 초대하신다(창세 9장). 포도밭과 포도나무 형상은 이런 하느님과 그분의 백성 사이의 떼려야 뗄 수 없는 사랑의 관계를 드러내는 전통적 표현이다(시편 80,8-16; 이사 5,1-7; 예레 2,21; 에제 15장; 19,10; 호세 10,1; 마태 21,33 이하; 마르 12,1-12; 로마 11,17 이하 참조).

요한복음이 포도밭의 비유를 사용하는 것은 전통적 가르침을 반복하기 위해서가 아니다. 요한복음은 한 걸음 더 나아가 하느님이신 예수님을 포도나무로, 백성은 그 가지로 소개한다. 말하자면 포도나무로서 백성의 자리에 하느님이 직접 함께, 하나로 계신다는 것이다. 인간의 살덩이를 취하신 하느님을 강조하는 요한복음의 정신은 단순히 하느님과 백성의 계약적 관계를 넘어 '하나'로서 일치된 관계를 한층 분명하게 강조한다(1,14).

"나는 포도나무"(15,5)라는 예수님의 자기 규정은 실은 그분의 제자가 되길 지향하는 모든 그리스도인의 자기 규정과도 같다. 나무 없이는 열매를 상상할 수 없듯, 포도나무와 포도 열매는 필연적 관계이다. '필연'이라는 말에 잠시 머물러 보자. 예수님이 이 세상에 인간의 모습으로 오신 것은 우연이 아닌 필연이다. 하느님은 본성상 사랑 자체이시고, 이 세상은 하느님의 사랑으로 흘러넘쳐 탄생한 선물인 까닭이다. 필연은 예수님 안에 머무는 것이고, 예수님의 삶을 그리스도인들의 삶으로 구체화할 수밖에 없는 일종의 운명이다.

예수님의 부활과 승천 이후 그분의 부재를 극복하며 살아가야 했던 요한복음 공동체는 각자의 삶의 자리에서 예수님의 삶과 가르침을 담아내야 했다. 이러한 고민이 유다 사회와 그리스 문화에서 말하는 이른바 '초현실적'이고 '탈세속적'으로 거룩하고 고결한 천상의 삶이나 고상한 앎으로 향하진 않았다. 그 고민은 예수님이 사신 것처럼 세상과 '함께' 지내는 친교에 대한 것이었다. 장밋빛 인생을 위한 각자도생이나 자기 계발의 강박증이 아닌, 예수님을 통한 자기 해방과 자기 극복의 훈련이었으며 그 끝은 여전히 이 세상에서 사랑을 실천하는 일이었다.

　예수님 안에 머물고 그분처럼 사는 것은 '사랑' 안에 머무는 것이다(15,9). 사랑은 제 의지의 확장이나 제 호감의 표현이 아니다. '사랑' 안에 머무는 것은 계명을 지켜야 하는 숙제를 포함하고 있으며, 이를 위해 서로가 지닌 얼마간의 의지를 내려놓아야 한다. 예수님이 하느님의 자리를 박차고 이 세상에 내려오셔서 '자기 증여'의 삶을 사셨듯이 우리 신앙인 역시 예수님을 통해 제 삶의 지향과 의지를 고치고 다듬는 '자기 포기'의 삶을 살 때, 계명 실천은 사랑이 될 수 있다. 사랑은 서로를 향한 자기로부터의 해방이고, 해방되어 떠나간 곳에서 서로가 만나는 구체적이고 가시적인 방식이 계명이다.

　서로가 만나는 자리는 위와 아래, 높음과 낮음이 있을 수 없다. '친구'로서 있는 듯 없는 듯해도 영원히 함께할 수 있고 그 어떤 정치적·경제적·사상적 불편함도 웃어넘기며, 애써 하나인 듯 노력하지 않아도 이미 하나가 되어버려 뭐든 품어줄 수 있는 자리가 계명의 자리고 사랑의 자리다(15,15-16). 세상은 이런 사랑, 이런 친구, 이런 계명을 받아들이지 못한다. 왜냐하면 세상은 '1등'만을 기억하고 추구하고 바라니까. 예수님이 살아간 삶 역시 비난과 외면과 박해로 점철되었고, 그 삶의 질곡은 그리스도인들의 몫이기도 했다(15,18-19). 세상은 친구가 되기보다 제 이익과 호불호에 따라 지향하는 바를 향한 경쟁에 몰두한다. 예수님은 죽음으로 세상과 친구가 되고자 했지만, 세상은 죽임으로 예수님을 거부했다. 죽임에 죽음으로 응답하는 것은 사랑의 극치다. 예수님과 그 제자들을 미워하는 세상에서, 그리스도인들이 지켜야 할 자세는 '떨어져 나가지 않는 것'이다(16,1). 포도나무에서 떨어져 나가지 말아야 하고, 사랑에서 떨어져 나가지 말아야 한다. 이것은 예수님을 붙들고 세상과 담을 쌓는 게 아니다. 세상의 미움 한가운데서 의연하게 세상을 향해 자신을 내주는 사랑을 사는 것이다. 미워도 다시 한번 사랑으로, 제 목숨을 내놓는 그 사랑으로 세상 안에 머물러야 한다. 세상은 각각의 경쟁과 탐욕으로 죄를 지을 것이고, 그 죄의 원인은 '무지'다(16,3). '무지'는 앎의 한계나 부족에서 오는 게 아니다. 잘 안다는 것이 무지할 수 있다는 사실 또한 이해해야 한다. 대개 사람들은 자신이 좇는 것에 대해 잘 안다고 생각한다. 하느님을 믿는 것도 그렇다. 믿음의 길은 앎을 체득하는 길이 아니라, 모른다고 고백할 수 있는 비움의 길이다(필리 2,7 참조). 비워진 자리에 하느님께서 직접 내려오셔서 살아가시는 것이 믿음이다(갈라 2,20 참조). 좇고 있는 것이 아무리 훌륭해 보이고 멋져 보이고 정의로워 보여도 저 혼자 잘 안다고 덤벼든 여정의 끝은 자기 상실, 자기 파멸밖에 없다(11,10). 서로를 향한 사랑만이 믿음의 지혜를 얻어 누리게 한다.

예수님은 서로 함께 살아갈 수 있는 지혜, 곧 사랑을 보여주시고 이 세상에서 떠나가려 하신다. 예수님의 죽음을 가리키는 '떠남'으로 제자들은 근심케 된다. 그러나 '떠남'은 끝이나 파멸이 아닌 '완성'으로 이해되어야 한다. 예수님은 성령을 보내주실 것이고(16,7), 성령은 세상의 그릇된 생각을 고쳐주시기 때문이다(16,8). 세상은 예수님을 받아들이고 믿는 데 주저하고 외면했다. 세상은 믿음으로 예수님을 이해하기보다 단죄하기 바빴고, 예수님을 통해 의로움을 추구하기보다 세상의 논리와 이해관계에 매몰돼 있었으며, 예수님을 통해 사랑을 배우기보다 서로를 향한 심판에 익숙했다는 사실을 성령께서는 똑똑히 바라보게 하실 것이다. 그리하여 성령께서는 예수님의 존재 가치를 세상이 제대로 깨닫게 하신다. 예수님이 사랑이고 의로움이며 세상 모든 이를 위해 생명을 주신다는 사실을 세상이 깨닫게 하실 것이다. 이를테면 성령께서는 예수님이 계시지 않는 세상이라도 여전히 예수님의 가르침이 유효하고 그 가르침이 신앙인들을 통하여 세상에 생생히 드러나고 있음을 일깨우실 것이다(16,14).

예수님의 '떠남' 앞에 제자들은 슬퍼한다. 하지만 그들의 슬픔은 이내 기쁨으로 변할 것이다. 기쁨의 이유인즉, 예수님이 다시 제자들 앞에 나타나실 것이기 때문이다(16,22). 예수님이 다시 나타나신다는 것은 그분의 부활을 암시한다. 제자들의 기쁨은 세상에서의 성공이나 위로가 아닌 그분의 죽음(떠남)과 부활(다시 오심)을 통해 새로운 시간을 사는 데서 온다. 말하자면 세상이 어떻든, 예수님이 계시든 안 계시든 제자들의 삶은 예수님의 부활을 직접 살아내는 새로운 삶으로 전이되어야 한다.

새로운 삶은 세상에서 주어지는 미움과 박해가 제거된 무릉도원의 삶이 아니다. 여전히 신앙인들은 세상을 거슬러, 세상의 불의와 억압을 견디고 살아가야 한다. 그럼에도 예수님은 평화를 말씀하신다(16,33). '평화'는 히브리어로 '샬롬(שלום)'이고, 그리스어로 '에이레네(εἰρήνη)'이며, 라틴어로 '팍스(Pax)'다. '샬롬'

은 하느님과의 관계 안에 머무는 일이고, '에이레네'는 서로 용서하고 화해하는 것이며, '팍스'는 서로 양보하고 신뢰 안에 약속하는 다짐이다. 예수님의 평화는 예수님의 가르침을 제자들이 온전히 받아들이고 그분을 믿는 데서 시작한다(16,30). 예수님을 통해, 그분 덕분에 세상을 사는 것이 한번 해볼 만한 도전이고 보람이라 여기는 것, 그것이 예수님의 평화 안에 머무는 것이다. 예수님이 말씀하시는 평화는 그분을 직접 목격하고, 그분의 가르침을 생생하게 듣는 데에서 시작하지 않는다. 앞에서 강조했듯이 요한복음은 예수님의 부재, 그러니까 1세기 말엽을 살아가는 신앙인들의 믿음을 위해 쓰였다(20,31). 예수님의 평화는 이천 년 전 그분의 죽음과 부활을 오늘 우리의 삶으로 되살려내는 우리 신앙인의 수고로운 실천으로 주어진다. 서로에 대한 막말이 난무하고 삿대질이 일상이 되어 살을 도려내듯 아픈 소리를 상대에게 내질러야 속이 후련해지는, 천박하고 어두운 편가르기의 세상에서, 누가 되었건 사랑하자 말하는 신앙인들의 평화는 모든 이에게 미움받는 대상이 된다. 그래서 예수님이 제시하시는 평화는 때론 제 몸에 칼을 긋는 것처럼 많이 아플 수 있다. 어느 드라마의 대사처럼 "그 어려운 걸 제가 해내지 말입니다"라고 예수님께 말씀드릴 수 있는 우리의 사랑 실천이 평화를 살아가는 원동력이다. 힘들고 어렵더라도 조금씩, 차근차근 사랑하며 사는 것이 우리 신앙인의 삶의 시작이자 마침이다.

32

예수님의 기도 (17,1-26)

예수님이 아버지를 향해 기도하신다. 고별사를 통해 제자들에게 사랑을 가르친 예수님은 아버지를 향해 '일치'의 기도를 올리신다. 아버지와 아들의 일치는 믿는 이들과의 일치로 확장된다. 예수님의 기도는 13장에서부터 시작된 최후의 만찬을 정리하고 결론 맺는 부분이다. 최후의 만찬 이야기는 죽음을 받아들이는 예수님의 처절한 희생으로 끝나지 않고, 예수님의 기도를 통해 모든 이가 예수님 안에 '하나 되는 것'으로 끝을 맺는다. 케제만(E. Käsemann)이라는 신학자는 요한복음의 이러한 특징을 간략하게 서술한다. "요한복음 저자는 예수의 죽음에 대한 신학을 언급하지 않는다." 죽음을 회피하거나 죽음에 대해 무지한 게 아니라 죽음을 통해 하느님과 이 세상이 하나 될 수 있는 희망을 이야기하는 게 요한복음의 참된 가치다.

예수님이 요한복음의 첫머리부터 줄곧 가르치고 보여준 것 역시 '하나 됨'이다. 이 세상에 살과 피로 오신 하느님이신 예수님은 이 세상이 하느님과 하나 되는 데 당신의 삶을 포탄처럼 내던지셨다. 그런 예수님을 받아들이고 아니고는 순전히 세상의 선택에 달렸다. 선택은 대개 하나의 세상을 둘로 갈라지게 한다. 하나를 두고 둘로 갈라진 세상에서 예수님은 지금 하느님 아버지께 기도한다. 제발 하나가 되게 해달라고….

예수님의 기도는 크게 세 부분으로 나뉜다. 예수님 당신이 아버지와 하나 되게 해달라는 기도(17,1-8), 예수님이 누리는 아버지와의 일치에 제자들이 함께할 수 있도록 해달라는 기도(17,9-19), 마지막으로 예수님을 믿는 모든 사람 역시 아버지, 아들, 그리고 제자들과의 일치 안에 살아가게 해달라는 기도(17,20-26)로 나뉜다.

첫 번째 기도에서 예수님은 당신의 영광에 대해 말씀하신다. 갈등과 반목, 그리고 대립 속에서 예수님은 숱한 사람을 가르치고, 하느님 아버지의 뜻, 즉 세상에 대한 하느님의 사랑을 확고히 드러내셨다. 예수님은 당신의 삶으로 아버지를 영광스럽게 했고, 예수님의 삶은 아버지 하느님을 드러내는 현장 그 자체였다.

    예수님은 조금 있으면 십자가에 매달릴 것이다. 예수님이 아버지를 영광스럽게 하려는 마지막 때는 역설적이게도 당신이 죽는 순간이다. 하느님이 하느님으로 이 세상에 각인되는 방법은 호통치고 군림하는 게 아니었다. 하느님의 방법은 사랑이라는 넉넉함이었다. 세상이 생기기 전 하느님은 이 세상 '모든 것'을 위해 당신의 개입을 시작하셨다. 하늘 위의 새와 땅 위의 동물들과 바닷속 물고기들 모두가 하느님 사랑의 대상이었다. 이미 받고 있는 사랑을 아직 못 받았다고 여기는 인간의 무지함을 깨우치기 위해 예수님은 이 세상에 왔고, 살았고, 죽어갔다.

    '영원한 생명'은 하느님의 무한한 사랑의 또 다른 말이다. 죽음까지 불사하는 하느님의 끝없는 사랑은 세상을 향한 지칠 줄 모르는 구애다. 하느님을 알아달라는 외침이고, 하느님이 예수님을 통해 완전히 드러났다는 선포다. '영원한 생명'을 얻는 길은 한 분 하느님, 참된 하느님을 만나는 길이며, 그 길로서 예수님은 자신의 삶을 봉헌했다. '영원한 생명'은 제 목숨 하나 부지하려는 각자도생이 아니라, 하늘과 땅이 어우러지는 데 제 삶을 봉헌하는 이의 헌신과 연대의 결정체다.

예수님은 제자들을 통해 헌신과 연대의 결정체를 본다. 예수님을 보고 아버지 하느님을 볼 수 있는 눈, 예수님의 가르침을 통해 아버지 하느님의 말씀을 듣고 깨달을 수 있는 자세, 그것이 제자들이 갖추어야 할 도리다. 예수님은 제자들이 보호받기를 아버지께 청하고 있다. 예수님이 지상에서 바치는 마지막 기도는 제자들이 이 세상에서 겪을 위험과 박해를 감내할 수 있기를 청하는 것으로 이어진다. 무릇 박해는 견디기 힘든 고통이다. 예수님은 제자들이 박해를 피할 수 있게 하거나, 아버지 하느님이 그 박해를 거두어주십사 기도하는 게 아니다. 예수님의 청은 크게 두 가지다. 하나는 예수님과 아버지가 누리는 '일치'로 제자들을 불러주십사 비는 것이고, 다른 하나는 제자들이 세상 안에서 거룩해지도록 비는 것이다.

앞서 되짚었듯, 예수님이 아버지와 하나 되는 길은 십자가로 대변되는 사랑의 길이었다. 제자들 역시 예수님을 증언하는 십자가의 길을 걸을 때, 하느님 안에 머무르게 된다. 세상은 제자들을 미워한다. 이미 십자가의 길이 제자들에게 주어졌다는 방증이다. 그 길이 사라져 몸도 마음도 안온한 상태를 예수님은 바라지 않는다. 예수님은 세상 안에서, 그 미움 안에서 제자들이 단단해지고 굳건해져서 아버지 하느님의 사람으로 세상을 보듬고 살길 원한다. 이것이 예수님이 제자들을 위해 비는 '거룩함'이다. '거룩함'은 성속聖俗을 갈라 속된 것을 제거한 후, 성스러움만 움켜쥐겠다는 제례적·윤리적·규범적 편협성이 아니다. 이 세상의 민낯을 정확히 짚어내고 그 속에 하느님의 자리를 만들겠다는 증거자의 결기와 하느님의 사랑이 어우러져 만들어내는 관계의 예술이다. 매 순간, 어느 장소에서라도 하느님이 함께할 수 있도록 삶의 방향성을 고민하는 자세, 제 신념과 가치관이 전부인 양 떠들지 않는, 그래서 열린 마음과 정신과 태도로 이웃과 사회의 아픔과 갈등을 제 삶의 일부로 받아들이는 자세, 그럼으로써 이 세상을 단죄의 대상으로 삼지 않고, 하느님의 사랑으로 부름받은 증거로 제 삶을 세상에 내놓는 자세, 이것이 바로 예수님이 제자들을 위해 아버지께 비는 '거룩함'이다.

  마지막으로 예수님은 '믿는 이들'을 위해 청한다. 이들이 제자들과 다른 건, 예수님을 직접 보고 듣고 만지지 못했다는 사실이다. '믿는 이들'은 요한복음이 쓰인 1세기 말엽을 살았던 그리스도인일 수 있고, 지금 이 세상을 살고 있는, 앞으로도 살아갈 수많은 그리스도인일 수 있다. '믿는 이들'을 위해 기도하는 예수님은 이미 세상 안에 없다. 살과 피로 존재하는 예수님은 더 이상 믿는 이들 곁에 있지 않다. 예수님의 부재는 상실감이나 패배감으로 연결되지 않는다. 예수님 이후 수많은 증거자의 말과 행적이 수많은 예수로 다시 살아 움직이고 있기 때문이다. 1세기 후반이 그러했고, 지금껏 예수님을 믿는 이들을 통해 예수님은 늘 살아 숨 쉬고 있다. '믿는 이들'이 예수님과, 그리고 아버지 하느님과 하나가 되길 바라는 기도의 내용은 실은 '믿는 이들'이 증거자의 대열에 합류하길 바라는 호소다. 예수님의 부재를 증거자의 삶으로 채워나가 하느님의 현존이 영원하길 바라는 간절함이다. '믿는 이들'을 통해 이천 년 전 예수님은 오늘 살아 있고, 태초의 하느님은 세상 끝 날까지 함께할 것이다.

예수님의 고별기도는 다시 시작점으로 우리의 시선을 이끈다. "세상 창조 이전부터 아버지께서 저를 사랑하시어 저에게 주신 영광을 그들도 보게 되기를 바랍니다"(17,24). 이 세상에 존재하는, 그래서 세상에서 증거의 삶을 살아가는 모든 이가 태초의 시간과 맞닿아 있기를 예수님은 아버지께 청하신다. 태초에 아버지와 아들은 사랑 안에 하나였다. 사랑은 이 세상이 시작된 이유였고, 세상의 모든 시간 안에 변함없이 새겨진 하느님의 섭리며 선물이다. 역사의 어느 한 꼭지를 살더라도 예수님 안에 믿음으로 하나 된 이들은 태초의 사랑 안에 함께 살아간다. 하느님은 이미 모든 시간과 공간 안에 사랑을 뿌려 놓으셨고, 사랑으로 함께하고 계신다는 사실은 태초부터 종말까지 이어지는 역사의 매 순간을 살아가는 신앙인들을 통해 끊임없이 되새겨질 것이다.

예수님이 하느님께 드리는 청은 오늘을 살아가는 신앙인들에게는 하나의 요구이며 초대다. 하느님이신 예수님을 위해 또 다른 예수로 살겠다는 것, 천상의 하느님이 아니라 이 세상 한가운데 현존하시는 하느님을 증거하겠다는 것, 그리하여 하느님과 세상이, 세상과 그 속에 숨 쉬는 모든 피조물이 사랑으로 하나가 되는 데 제 삶을 바치겠다는 것, 이 모든 것을 신앙을 가진 이라면 제대로 실천해보라는 초대가 바로 예수님의 기도다.

33

수난받는 하느님 (18,1-38)

예수님이 보여주시는 수난의 길은 자유로움으로 가득하다. 키드론 골짜기 건너편 겟세마니로 향하는 예수님의 발걸음은 그 누구도 강요하거나 청한 것이 아닌 예수님의 선택이다. 그리고 그 반대편, 유다를 중심으로 한 세력, 그들의 팀 구성이 꽤나 흥미롭다.

로마 군대를 비롯한 수석 사제들과 바리사이들이 보낸 성전 경비병들, 그들은 저들끼리 만나서도 안 되며 만날 수도 없다고 강변하는 무리다. 예수님을 잡는 순간, 그들은 이른바 적대적 공생관계 속에 머문다. 저들의 이해관계가 딱 맞아떨어진 지점에서 예수님의 수난은 시작된다. 유다는 예수님 면전에서 대놓고 예수님을 고발하지 않았다. 수석 사제들과 바리사이들 역시 예수님께 직접 사형을 선고하거나, 예수님을 죽이려 덤벼든 자들로 묘사되지 않는다. 로마 군대와 성전 경비병들 뒤, 어둠의 자리에서 예수님을 죽이려 음모를 꾸미는 게 유다이고 수석 사제들이며 바리사이들이었다. 예수님이 존재하는 한, 저들의 이익은 불안했다. 그들은 예수님 앞에서 투명하고 솔직하게 자신의 뜻을 밝히지 못한다. 그래서 늘 어둠에 머물고자 한다. 이는 예수님을 잡아가는 이들을 통해 생각해볼, '신앙한다는 것'의 본질적 물음이다.

요한복음에서 예수님은 빛으로 묘사되었다. 어둠이 가득한 밤에 군대의 무리는 예수님을 잡으러 왔다. 역설적이게도 그들은 등불과 횃불로 상징되는 빛을 가지고 왔다. 빛을 흉내 내는 무리가 참된 빛이신 예수님을 박해하기 시작한다. 이런 장면을 두고 혹자는 세상과 종교의 대립을 말하며 참된 진리를 전하러 온 예수님을 알아보지 못한 세상의 어리석음을 강조할 테다. 일정 부분 맞는 말이지만 전적으로 맞는 건 아니다. 요한복음은 이원론을 필두로 한 영지주의에 저항한다. 하느님이라 자처한 인간 예수, 하늘과 땅이 온전히 하나로 맞닿아 있는 예수님의 정체성을 유다 사회는 거부했다. '감히 인간 예수가 하느님이라니!' 그들에게 하느님은 저 천상에 유폐된 존재였다. 어둠이 빛을 가장하고 참된 빛이 어둠에 의해 붙잡히는 상황은 빛과 어둠의 대립이 아니라 참된 빛이 어둠 속에서 비로소 드러날 것이라는 의미로 받아들여져야 한다. 어둠은 빛과 대립하는 게 아니라 오히려 빛을 필요로 한다. 빛이 있어야만 어둠이 존재할 수 있고, 어둠을 통해 빛이 더욱 빛날 수 있다는 통합적 사고로 우리를 인도한다. 분명한 건, 예수님은 수난과 죽음을 통해 이 세상의 구원을 완성하신다. 수난과 죽음이 어둠의 일이라면, 어둠은 분명 구원을 가능케 하는 도구적 자리임에 틀림없다.

그래서다! 예수님은 빛을 가장한 어둠인 그들 앞에 당당히 나서며 물으신다. "누구를 찾느냐?"(18,14) 그리고 스스로 '나'임을 밝히신다. 모세에게 나타나신 하느님께서 '나는 있는 자다'라고 당신을 드러내셨듯 예수님은 스스로 하느님임을 계시하신다. 그런 예수님 앞에 무리는 뒷걸음치다 넘어진다. 신적 현현 앞에 선 인간의 나약함이 제대로 드러났다(에제 1,28; 다니 10,9; 사도 9,4; 묵시 1,17 참조). 예수님은 유다 사회의 신앙적 한계치를 넘어서고 있다. 그것도 가장 실패한 모습으로, 죄인으로 낙인찍혀 유다 사회에서 제거 대상이 된 채로, 예수님은 땅에서 하느님의 현존을 이야기하신다. 군사들은 무기를 들고 있음에도 그들이 제거해야 할 대상인 예수님 앞에서 넘어진다. 이는 요한복음이 나약한 세상 권력에 대한 승리를 그리는 방식이다.

베드로가 나서서 칼을 휘두르는 장면은 예수님이 당신의 수난을 통해 이루시려는 야훼의 현존 방식을 가로막는 꼴이다. 칼을 휘두르는 것은 무기를 들고 예수님을 잡으러 온 세상의 방식이고, 사랑으로 세상을 껴안으려는 예수님의 '자기 양도'를 폄훼하는 일이다. 예수님의 수난은 아버지 하느님이 주신 잔을 받아 마시는 것이었고, 예수님이 잡히시는 건 아버지 하느님을 어둠으로 상징되는 세상의 논리에 정확히 내어 바치는 것이었다.

예수님은 한나스의 집으로 끌려간다. 예수님은 이미 성전이라는 공개적·공식적 자리에서 유다인들과 논쟁했고, 그 논쟁은 예수님을 죽이려는 유다인들의 확고한 의지를 확인하는 것으로 끝이 났다(10,22-42). 한나스는 현직 대사제가 아니었다. 그는 6-15년까지 대사제였고, 예수님의 신문이 펼쳐진 30년경의 대사제는 카야파였다. 예수님은 지금 '불법적으로' 한나스 앞에서 신문 받는다.

스승 예수에 대한 베드로의 부인은 이런 불법의 자리에서 더욱 도드라진다. 스승을 모른다고 세 번이나 외치는 베드로, 유다 사회의 숨겨진, 그러나 실질적 권력 앞에 스스로를 유폐하는 베드로의 비겁함은 스승의 불법적 신문을 더욱 무겁게 만든다. 예수님은 잡히실 때 '나다'라고 말씀하셨지만, 베드로는 지금 '나는 아니오'라고 말하며 스승과 대척점에 서 있다. 스승을 모른다고 하는 건 야훼 하느님을 모른다는 것이며, 하느님을 모르는 건 결국 자신의 자리가 어디인지, 자신이 무엇을 위해 그 자리에 머물고 있는지 모르는 일이 되어버린다. 역사는 '만약'을 허용하지 않는다지만, 만약 베드로가 예수님을 '안다'고 고백했다면 어땠을까. 베드로를 잡아다 신문했을까. 아마도 아닐 것이다. 지금 한나스의 집에서 자행되는 불법적 신문은 권력의 이해관계에 따른 질투의 신문이었다. 예수라는 인물이 가지는 유명세와 인기는 유다 사회의 주류와 권력층에 대한 도전으로 인식되었다. '새로운 권력이 아닐까, 행여 내 권력이 무너지는 게 아닐까' 두려워하는 세상의 질투가 한나스의 집에서 행해진 불법적 신문으로 더욱 구체화된 것뿐이다. 베드로가 말한 '나는 아니오'는 세상의 주류를 중심으로 형성된 '타협점'에 스스로 유폐한 채, 새롭게 시작되는 구원 사업, 사랑의 승리에 낯설어 하는 일상 속 서민들의 민낯이다. 굳이 비판적으로 바라볼 필요 없는 우리의 솔직한 속내다.

예수님은 공개적으로 가르치셨다. 갈릴래아에서는 물론이거니와 유다 사회 전체에서 가장 공적인 곳, 즉 갈릴래아 시골뜨기 예수님을 비난하고 거부했던 예루살렘 성전에서조차 예수님은 당신을 숨기지 않으셨다. 하지만 아무리 공개적이고 개방적인 가르침이라도 보지 않고 듣지 않으면 그만이다. 듣는 귀가 없는 이들의 악다구니가 신문 받는 예수님 앞에서 여전히 쏟아진다. '도대체 당신의 가르침이 무엇이오!'

사실, 예수님의 가르침은 애당초 관심의 대상이 아니었다. '대사제'라는 권력 앞에 머리를 조아려야 할 예수님은 당당히 자신의 가르침에 대해 항변하신다. 그런 예수님의 뺨을 때리는 성전 경비병은 예수님의 항변을, 가르침의 옳고 그름 문제가 아니라 대사제의 권력에 대한 저항으로 이해한다. 요한복음에서 예수님의 가르침은 '믿음', '사랑'이라는 두 단어로 요약되지 않을까. 세상을 너무나 사랑하신 하느님을 믿고 그 믿음으로 서로 사랑하길 바라는 하느님의 뜻은 예수님의 인간적 삶 안에 완벽히 녹아 스며들었다. 세상은 믿음과 사랑보다 권력과 계급으로 질서 잡기에 바빴고, 권력과 계급이 믿음과 사랑으로 무너지는 걸 용납하지 못했다. 늘 그렇듯, 세상은 정의니 평화니 윤리니 도덕이니 하는 질서 잡힌 가치들로 다스려지지 않는다는 게 경험칙이다. 세상은 힘깨나 쓰는 이들이 미리 세워둔 힘의 논리에 지배당한다. 그릇된 것이라도 힘의 논리에 비추어 판단하고 용납하고 부역하는 게 서민의 일상이다. 그런 세상에 예수님은 또 다른 힘을 내세우지 않는다. 또 다른 힘이란 또 다른 저항을 불러올 것이기 때문이다. 예수님이 사용하시는 방법은 그저 침묵이다. 그 침묵의 깊은 곳에는 세상에 대한 끝없는 신뢰와 사랑이 가득하다.

예수님은 이제 빌라도에게 끌려간다. 유다인들은 총독 관저 밖에 있었고 예수님은 안에 머문다. 총독 관저 밖, 파스카 축제를 위한 정결에 유독 세심했던 유다인들은 예수님을 죄인으로 몰고 가지만, 총독 관저 안에 머무는 빌라도는 그분에게서 아무런 잘못을 찾지 못한다. 총독 관저 밖의 유다인들은 예수님에 대한 적개심으로 그분을 죽음으로 끌고 가려 하지만, 총독 관저 안의 빌라도와 예수님은 진리에 대해 질문하고 답한다. 죄에 대한 빌라도의 신문은 싱겁다 못해 가볍지만 진리에 대한 그의 질문은 무겁고 깊어서 답을 찾기가 여간 어려운 게 아니다. 진리가 무엇인가. 예수님은 분명히 밝히셨다. 당신이 길이요, 진리요, 생명이라고. 진리를 앞에 두고도 깨치지 못하는 빌라도는 요한복음을 읽는 독자들의 모습과 중첩된다. 우린 진리를 깨치고 있는가? 우린 총독 관저 밖에 있는 자들, 즉 진리가 제 잇속에 어긋난다고, 제 이해를 벗어난다고, 제 익숙함을 무너뜨린다고 말하는 자들과 다르다고 말할 수 있는가? 진리는 이해의 대상이 아니라 있는 것을 있는 그대로 보려는 투명함이 아닐까.

예수님이 유다인의 임금으로 고발된 건, 유일한 임금을 하느님으로 고백하는 유다 사회가 로마 황제를 임금이라 외치는 위선이 드러난 가시적 사건이다(19,15). 제 잇속을 챙기려 진리를 거부하고 제가 믿고 바라는 것조차 언제든 버릴 수 있는 거짓, 그건 원죄의 논리이기도 하다. 예수님에 대한 신문은 이런 거짓과 탐욕, 그리고 이기심을 드러내는 장이 된다.

빌라도는 "이 사람이오"(19,5)라며 죄없는 예수님을 넘겨줄 것이다. 태초에 하느님은 사람을 찾으셨다. "사람아, 너 어디 있느냐?"(창세 3,9) 그 답을 빌라도가 대신한다. 죽음을 향한 예수님의 행보는 역설적이게도 태초의 인간, 그 모습으로 향한다. 숨었던 사람이 밝히 드러나는 자리, 끊겼던 하느님과 인간의 관계가 예수님의 수난을 통해 다시 이어진다. 예수님의 수난으로 비로소 인간은 자유로워진다. 인간 본래의 모습을 되찾는다. 인간은 그렇게 비겁하고, 인간은 그럼에도 구원받을 수 있는 가련한 존재라는 사실을 깨닫게 된다. 인간은 하느님 없이 살 수 없다. 그게 인간의 본성이자 운명이다.

34

사랑의 승리 (18,39-19,42)

예수님이 죽어가는 것은 순전히 유다인들 탓이다. 빌라도는 예수님을 놓아주려 했다. 그분에게서 죄를 찾지 못했기 때문에(18,38; 19,4.6), 파스카 축제 때 죄수 하나를 풀어준다는 명확하지 않은 유다의 전통까지 언급하며 예수님을 풀어주려 했다(18,39-40). 유다인들은 죄 없는 예수님을 죄 있다고 우겨댔다. 예수님의 죽음은 억지의 결과다. 유다인들은 예수님의 죽음에 대한 책임조차 지려 하지 않았다. 빌라도는 유다인들에게 이렇게 말했다. "여러분이 데리고 가서 여러분의 법대로 재판하시오." 그러자 유다인들은 누구를 죽일 권한이 없다고 빌라도가 죽이라고 다그쳤다(18,31). 죽이고자 억지를 쓰되, 죽임에 대한 책임은 회피하려는 유다인들, 그들의 비겁함이 무겁고 무거운 만큼, 요한복음의 독자들이 갖는 유다인들에 대한 반감은 깊어진다.

유다인들이 예수님을 죽이려고 덤벼드는 억지 주장의 근거는 신성모독이다. 유다 율법에 따르면 주님의 이름을 모독한 자는 투석형에 처해진다(레위 24,16). 신명 6,4-5이 말하는 유일한 하느님, 그분이 육화하여 세상에 오신 예수님을 유다인들은 거부했다. 예수님을 죽이려 덤벼드는 유다인들에게 예수님은 하느님이 아니라 한낱 인간일 뿐이다. 유다인들의 억지는 하느님의 세상과 인간의 세상은 하나가 될 수 없다는 이원론적 세계관과 신앙관이 뼛속 깊이 스며든 결과다. 하느님은 이 더러운 세상에 올 수 없다는, 한계를 지닌 나약한 인간이 될 수 없다는 논리는 이스라엘 역사 내내 유다 지도자들의 배를 채우기 위한 먹잇감이 되었다. 이를테면 사제 계급과 율법학자들은 유다 민중에게 하느님의 세상을 가르칠 때, 자신들을 통하지 않고서는 결코 그 세상을 구경하지 못한다는 논리를 펴며 자신들의 계급적 우위를 유지했다. 대개의 민중은 죄의식 속에 살았고, 그 민중의 자리에조차 함께하지 못했던 병자와 죄인 등은 영원히 구원받지 못할 악의 세력으로 간주되었다. 하늘과 땅을 갈라놓고 그 사이에서 온갖 영화를 누렸던 사두가이들과 바리사이들은 겉으로는 하느님이 이 세상에 오시길 바라면서도 결코 오셔서는 안 된다는 속내를 숨긴 채 제 계급의 영속만을 갈구했던, 말 그대로 '위선자'였다.

역설적이게도 하늘의 세상과 땅의 세상을 하나로 연결하는 자는 이방인 빌라도다. 빌라도는 예수님을 유다인들에게 내놓으면서 이렇게 말한다. "자, 이 사람이오"(19,5). 태초에 사람은 하느님으로부터 숨었다. 이른바 선악과를 따 먹은 결과는 하느님과의 단절이었고, 사람은 스스로를 하느님의 세상에서 유폐했다. 빌라도는 지금 육화하신 하느님을 거부하는 세상에 '사람'을 내놓는다. 사람 예수님은 태초에 갈라진 하느님과 사람을 이어놓고 있다.

빌라도는 또 한번 예수님을 소개한다. "보시오, 여러분의 임금이오"(19,14). 유다 사회는 예수님을 자신의 참된 임금으로 받아들이지 않았다. 사실 유다 사회의 참된 임금은 하느님이셨다(1사무 8장 참조). 하느님이신 예수님을 받아들이지 않는 유다 사회는 하느님이 다스리는 세상을 거부하는 것이다. 예수님은 이런 유다 사회와는 다른 세상을 이야기하신다(18,36). 예수님이 말씀하시는 세상은 예수님을 참된 하느님으로 받아들이는, 예컨대 나타나엘의 고백과 토마스의 고백이 가능한 세상이다. "스승님은 이스라엘의 임금님이십니다"(1,49). "저의 주님, 저의 하느님"(20,28). 빌라도가 예수님을 유다인들에게 내놓으며 '여러분의 임금'이라고 말하는 것은 다시 한번 유다 사회의 회개를 부추기는 말이기도 하다. 참된 하느님으로 예수님을 받아들여 그분을 통해 하느님의 다스림에 함께할 것인지, 요한복음의 저자는 빌라도를 통해 유다 사회에 다시 한번 묻고 있다.

유다인들의 답은 명확했다. "우리 임금은 황제뿐이오"(19,15). 수석 사제들을 통해 터져 나온 이 고백은 위선의 절정이다. 유다 민중에게는 하느님의 대리자로 자처하는 그들, 유다 민중을 대표해서 하느님의 다스림을 전한다는 그들이, 어떻게든 예수님을 죽이기 위해 로마 황제가 자신들의 임금이라고 고백한다. 제 위신과 체면과 권력과 명예를 위해서는 하느님마저 죽일 수 있는 인간의 무모함이 수석 사제들을 통해 명확히 드러난다. 이런 유다인들의 태도와 대비되게 예수님은 말없이, 힘없이 그저 당신의 목숨을 내맡긴다. 내맡기는 과정을 서술하기 위해 요한복음의 저자는 시편 22편을 옮겨다 놓았다. 겉옷을 나누어 갖는 로마 군사들의 모습은 시편 22,19에서, 목마르다 절규하는 예수님의 모습은 시편 22,16에서 옮겨 왔다. 시편 22편은 처절한 상황에 놓인 시편 저자가 오직 믿고 따를 분은 하느님이시라는, 신뢰의 고백을 소개한다. 예수님이 십자가형에 처해지는 과정은 유다 사회가 그분을 거부한 결과라기보다 하느님에 대한 끝없는 신뢰를 보여주는 예수님의 자기 봉헌이라는 사실을, 요한복음 저자는 말하고 싶었다. 유다인들은 참된 임금의 자리에 황제를 갖다 놓았다. 겉으로는 하느님을 믿는다지만, 제 삶의 목표를 위해서는 세상 어떤 것이라도 가져다 쓰겠다는, 그것이 설사 하느님의 뜻에 반할지라도 일단 이용해보겠다는 무모함이 하느님에 대한 예수님의 신뢰와 대비되어 더욱 잔혹해 보인다.

 예수님의 자기 봉헌, 바로 이 자리에서 교회는 탄생한다. 예수님은 죽어가면서 어머니 마리아와 당신이 사랑한 제자를 하나의 공동체로 엮어놓는다. 십자가 밑에서 새롭게 태어난 가족이 참된 그리스도교 공동체의 전형이다. 하느님을 향한 끊임없는 자기 봉헌이 신앙 공동체가 지향해야 할 존재의 이유다. 예수의 어머니 마리아는 카나의 혼인 잔치(2장)에 이어, 십자가 아래에서 두 번째로 등장한다. 다른 복음과 달리 마리아의 등장이 극히 절제되어 있는 요한복음에서 마리아는 '여인'으로 묘사된다. 초대 교회에서 공동체의 중심 인물이었던 마리아에게 '여인'이란 호칭은 존경의 의미를 담고 있다. 요한복음 2장에서 마리아는 일꾼들에게 예수님의 말을 따르도록 초대했다. 포도주가 부족한 결핍의 상황에서 예수님의 말을 전적으로 신뢰하고 따름으로 그 결핍을 채워가게끔 이끄는 마리아의 태도는 그리스도교 공동체가 지녀야 할 삶의 덕목을 깨닫게 한다. 이런 마리아가 신뢰와 의탁의 상징인 십자가 밑에서 제자들의 어머니로, 교회의 어머니로 거듭난다.

예수님은 숨을 거두며 "다 이루어졌다"(19,30)고 말씀하신다. 유다인들의 억지로, 그들의 고발로 희생된 것이 아니라 이 세상을 끝까지 사랑하기 위해 예수님은 스스로 이 세상을 향해 당신 자신을 내던지셨다. 세상에 대한 완전한 사랑을 이루신 예수님의 죽음 앞에 상스러운 조롱이나 비난(마르 15,29-32

참조), 괴로움에 짓이겨 겨우 내뱉어야만 했던 외로운 신음(마르 15,34 참조)은 어울리지 않는다. 예수님이 이루신 건, 이 세상의 반항에도 불구하고 끊임없이 사랑하겠다는 하느님의 의지다. 유다인들에게 억지 죽임을 당한 패배자가 아닌, 하느님 사랑을 이 세상에 확연히 보여준 승리자로서의 예수님이 지금 숨을 거두셨다. 예수님의 죽음은 패배가 아니라 사랑의 승리였다. 그분의 옆구리에서 피와 물이 흘러나왔다. 피는 예수님의 생명을 가리키고(6,53-56) 물은 새로운 삶을 가리킨다(3,5). 예수님의 생명 안에서 새로운 삶이 시작되었음을 가리키는 게 그분의 옆구리에서 터져 나온 피와 물이다. 그리스도교 공동체는 피와 물을 예수님과 교회의 하나 됨으로 해석했고, 세례를 받는 모든 신앙인이 예수님 안에서 생명을 공유한다는 의미로 이해했다.

예수님은 묻힌다. 육화한 하느님이 인간 한계의 극단에 함께한다. 인간이 절대 넘어설 수 없는 죽음의 자리, 무덤에 예수님은 함께하신다. 니코데모 역시 예수님의 죽음에 함께한다. 그는 예수님을 궁금해했고 옹호했으며, 예수님의 행적을 더듬으며 따라왔다. 그러나 무덤, 딱 여기까지다. 니코데모는 인간 한계의 끝, 바로 이 자리에서 멈춘다. 이후에 예수님은 부활할 것이다. 부활의 순간에 예수님을 진정 하느님으로 고백하는 이들의 자리에 니코데모는 보이지 않는다. 니코데모는 주저하는 신앙인의 전형으로 남게 된다. 믿고는 싶으나 아직 마음을 정하지 못한 신앙인들, 예수님을 진정 존경하나 그를 신으로 고백하는 데 주저하는 이들, 그들의 모습이 니코데모로 분扮하여 등장한다. 예수님이 묻히는 것은 그분이 참으로 인간임을 보여주는 사건이다. 참된 인간, 죽음조차 비껴가지 못하는 인간이 된 하느님이, 참으로 인간과 하나가 되기 위해 죽고 묻혔다. 예수님의 죽음은 하늘과 땅이, 하느님과 인간이 가장 처참한 자리에서 하나 되는 일치의 사건이 된다.

35

발견(20,1-31)

일상을 산다는 건 때론 견디기 힘든 무미건조함을 참아내는 것이기도 하다. 반복되는 일상에서 새로운 것 하나라도 움켜쥐고자 하는 이들의 노력은 애잔하기까지 하다. 하루 벌어 하루 먹고사는 이들에게는 제 삶의 의미를 찾기 위해 동분서주하는 이들의 여유가 때로는 부럽고 사치스럽기까지 할 테다. 그럼에도 막노동에 쫓기듯 허둥대며 살아가든, 우아하게 커피 한잔 들이키며 재미난 일을 상상하는 여유로운 삶을 살든, 인간은 건조하고 의미가 사라진 듯 사는 걸 힘들어한다. 그게 우리들 삶이란 거다.

평범한 일상에서 새로운 무엇을 찾는 것, 나는 그것이 부활이라고 생각한다. 몸뚱이가 어떻게 변할지, 그 몸뚱이가 하느님과 어떻게 함께할지에 대한 질문은 요한복음서, 나아가 공관복음서의 의도와는 도대체가 연관이 없다. 예수님의 부활은 어떤 의미에서 새로운 발견이다. 인간이 제 힘으로는 결코 도달하지 못하는 진리를 발견하는 과정이 예수님의 부활 이야기로 그려진다.

'빈 무덤' 이야기는 그 새로운 발견이 이루어지는 곳이다. 주간 첫날, 새로운 날이다. 어제의 일상에서 벗어난 시간이다. 처음은 새롭고 설렐 수 있지만, 빈 무덤은 누군가에게는 낯설고 당황스러울 수밖에 없다. 마리아 막달레나가 찾고 있는 건, 예수라는 익숙한 사람, 그러나 이미 죽은 사람이었다. 마리아 막달레나는 "아직도 어두울 때"(20,1) 예수님을 찾았다. 그리스어 '프로이(πρωΐ)'도 덧붙이는데, 어둑한 이른 아침을 가리킨다. 빛으로 오신 하느님을 아직 어둠 속에서 찾는 마리아 막달레나는 빈 무덤을 통해 어둠을 걷어내고 빛이신 예수님을 주님으로 발견할 것이다(20,16-18). 새로운 발견은 일상에서 낯선 것으로, 어둠에서 빛으로 가는 여행이다. 이 여행은 제 지식의 범주와 제 신념의 두께에서 해방되어야 한다는 숙제를 남긴다.

우리는 요한복음 전체에 걸쳐 강조되어온 '믿음'을 올바로 이해해야 한다. 카나의 혼인 잔치부터 시작한 '믿음의 요청'은 예수님의 십자가상 죽음과 맞닿아 있다. 이 세상에 육화하신 하느님을 알고, 그 하느님이 인간의 손에 죽고, 부활함으로써 하느님의 영원한 생명이 이미 인간 세상에 주어졌다는 것을 받아들이는 게 요한복음의 '믿음'이다. 다만 그 믿음은 '친구 따라 강남 가듯' 누군가가 알려주고 깨우쳐주는 지식의 축적이나 수련의 땀방울로 해결될 것이 아니었다.

믿음의 진가는 마리아 막달레나와 부활한 예수님의 개인적 관계에서 또렷이 드러난다. 먼저 마리아 막달레나는 무덤 밖에서 울고 있다. 마리아는 부활을 아직 받아들이지 못하고 있다. 천사의 등장과 예수님과의 대화를 통해 마리아는 서서히 부활한 예수님을 만날 것이다. 공관복음과 달리 요한복음의 천사는 예수님의 부활에 대해 어떤 이야기도 하지 않는다(마르 16,6-7 참조). 천사들의 질문은 "여인아, 왜 우느냐?"(요한 20,13)이다. 마리아의 울음은 죽음의 자리에 묶여 있음을 간접적으로 시사한다. 마리아는 예수님의 시신을 찾지 못한 상실감에 젖어 있다. 천사들은 그 상실감의 원인에 대해 질문한 것이다. 예수님 역시 같은 질문을 던지신다(20,15).

울음의 이유는 역설적이게도 '이유 없음'으로 끝이 나야 했다. 왜냐하면 예수님 시신의 자리에 천사들이 앉아 있었고, 예수님은 지금 부활한 몸으로 마리아 앞에 서 계시기 때문이다. 마리아는 울 이유가 없었다. 잘 알다시피 천사는 하느님의 현존을 가리키는 존재다. 예수님의 죽음과, 그 시신의 사라짐에 얽매인 마리아의 울음은 이런 하느님의 현존을 거부하는 행동이 되어버린다. 마리아가 눈앞의 예수님을 정원지기로 보는 이유는 그 때문이다. 마리아는 제 인식의 틀에서 한 발짝도 벗어나지 못했다.

제 지식과 신념에 묶인 채 대상을 바라보는 것은 인식의 굴절을 가져올 수밖에 없다. 마리아는 그 굴절에서 해방되어야 한다. 마리아의 해방은 예수님이 마리아를 부르심으로 시작한다. 예수님은 마리아를 '개인적으로' 부르신다. "마리아야!" 예수님의 목소리를 들은 마리아의 대답은 "라뿌니", 곧 '나의 스승님'이란 뜻이다(20,16). 이 호칭으로 마리아가 예수님의 부활을 받아들였는지는 의문이다. 이어지는 예수님의 말씀이 그 의구심을 부추긴다. "나를 더 이상 붙들지 마라"(20,17). 마리아는 지상의 주님, 자신의 스승이었던 예수님을 개인적이고 인격적으로 만나고 있다. 그 만남에서 마리아의 믿음이 아직 부족하다 하여도, 마리아는 예수님을 만났다. 만남 이후 마리아는 복음의 선교사가 된다.

제자들에게 뛰어간 마리아는 예수님을 '주님'이라고 부른다(20,18). '주님'은 통상 부활한 예수님을 가리키기 위해 초대 교회가 사용한 호칭이기도 하거니와 초대 교회 신앙인들의 정체성을 담아낸 호칭이기도 했다. 마리아에게 건넨 예수님의 말씀을 다시 살펴보자. "내 형제들에게 가서, '나는 내 아버지시며 너희의 아버지신 분, 내 하느님이시며 너희의 하느님이신 분께 올라간다' 하고 전하여라"(20,17). 예수님을 '주님'이라 고백하는 데에는 두 가지 차원의 믿음이 내재되어 있다. 먼저 하느님은 우리의 아버지가 되며, 그다음으로 육화하신 예수님이 우리의 형제가 된다는 것이다. 요컨대 하느님은 우리와 같은 형제가 된다. 우리 안에 하느님이 온전히 함께하신다는 믿음이 '주님'이라는 호칭 속에 녹아 있다. 마리아의 믿음이 아직 부족하나, 그 부족한 믿음 안에 하느님은 인간과 하나가 되신다.

예수님과 제자들의 만남에서도 부족한 믿음 안에 계시되는 하느님의 놀라운 현존이 드러난다. 예수님은 두려움이 제거된 믿음의 자리나 신앙의 본보기가 될 인물들이 아닌, 두려워 숨어든 비루하고 비겁한 제자들 가운데 등장하신다(20,19). 예수님의 발현으로 제자들의 두려움은 기쁨으로 변하고, 그 기쁨은 제자들의 파견으로 이어진다. 문을 걸고 있었던 폐쇄적 태도는 세상을 향한 개방적 태도로 이어진다. 예수님의 발현은 바로 이 지점에서 독보적 가치를 지닌다. 죽음의 반대가 부활이 아니고, 세상의 반대가 교회가 아니며, 악과의 적대적 대립이 선이 아니다. 예수님의 발현은 세상의 이원론적 대립을 무너뜨린다. 부활은 죽음 안에서, 교회는 세상 안에서, 악은 선을 향하여 하나가 될 수 있다는 사실을 예수님은 당신의 발현으로 제자들에게 가르친다. 옳고 그름을 따지고 편을 나누는 세상에서 우리는 해방되어야 한다. 태초에 하느님의 숨을 받아 모든 것 안에서 조화를 지향하고, 모든 것이 조화로울 수 있도록 관리하며 살아갔던 인간의 본디 모습은 회복되어야 한다(창세 1,26-2,8 참조).

토마스의 이야기는 이러한 '통합적 사고'를 더더욱 견고케 한다. 토마스는 예수님의 첫 발현을 보지 못했으나 두 번째 발현에서 '믿는 자'로 거듭난다. 첫 번째 발현에서 제자들은 '믿음'을 드러내지 않았다. 토마스를 불신의 대명사로 이해하는 건 곤란하다. 다른 제자들의 입에서 나오지 않은 믿음이 토마스의 입을 통해 드러났다. 그리고 그 믿음은 죽음의 흔적, 예수님의 손과 옆구리를 통해서였다. "보지 않고도 믿는 사람은 행복하다"(20,29)라는 예수님의 말씀을 두고, 토마스의 믿음이 아직 부족하다고 탓할 이유도 없다. 믿음은 본디 그러하다. 약하고 부족하고 휘청거리더라도 포기하지 않고 하느님께 의탁하는 *끈기*가 곧 믿음이다.

요한복음이 쓰인 시대의 신앙인들도 마찬가지였다. 예수님의 재림은 더디고, 세상 사람들은 예수님이 없다며 힐난할 때, 요한복음의 독자들은 예수님을 보기는커녕 만지지도 느끼지도 못했다. 육의 예수님이 아닌 믿음의 예수님이 진정 필요할 때, 요한복음은 예수님의 입을 통해 *그*에 대한 답을 내놓았다. "보지 않고도 믿는 사람은 행복하다"(20,29).

매일 일상적으로 걷던 길에 낯선 무엇이 보이면 우린 놀란다. 그것이 이전에 없었던 것이 아니라 이미 거기에 오랫동안 존재했다는 사실에 더 놀라기도 한다. 부활은 이미 오래전 우리 곁에, 우리 안에 존재했으나, 늘 새롭게 다가오는 실재다. 부활을 찾고 체험하는 이들에게 요한복음은 마리아와 토마스의 이야기를 들려주었다. 일상은 늘 변화하며, 상식은 절대로 절대적이지 않고, 그래서 부활은 도무지 일상의 상식으로는 이해할 수 없고 창조적 발견으로만 가능하다는 것, 이것을 기억하는 게 부활을 받아들이는 신앙이 아닐까. 어쩌면 우리는 예술가가 되어야 할지 모를 일이다. 죽음이 끝이라는 한계점에, 제 지식이 전부라 믿는 경계점에 붓 하나 살짝 대어 영원한 세상에 선 하나 이어놓는 위험한(?) 일탈이 부활을 체험케 하는 건 아닐까. 우린 신앙하면서 창조하는 예술가여야 한다.

36

또다시 사랑(21,1-25)

요한복음의 마지막 장이다. 대개 21장은 후대에 덧붙인 부분이라 여겨진다. 그럼에도 21장은 요한복음 전체, 나아가 요한계 문헌의 가장 중요한 주제인 '사랑'을 다시 한번 강조하고 요약한다. 사랑이 무엇인가. 타인을 존중하고 배려하는 것인가, 아니면 세상을 바라보는 제 마음이 바다같이 넓은 것인가?

    요한복음은 참으로 아픈 사랑을 가슴 벅찬 감동으로 그려낸 복음이 아닐까. 어둠과 불의, 그리고 부조리가 가득한 세상에 외아들을 보내는 아픔을 감수하면서도 어떻게든 세상을 껴안으려는 하느님의 절규와 몸부림이 가득한 복음, 그것이 요한복음이 아닐까 한다.

    예수님은 늘 세상과 하나였고, 일상의 평범함 속에 비범한 하느님을 증거하셨다. 외딸고 낯설고 신비스러운 곳에 계신 하느님이 아니라 우리가 먹고 자고 일하는 그곳에서 예수님은 하느님의 사랑을 드러내셨다. 21장은 다시 한번 일상 속 하느님의 사랑을 '먹는 이야기'를 통해 전개한다. 고기가 많이 잡혔다는 기적의 서술에 집중할 겨를이 없다. 사실, 요한복음은 기적이나 이적이라는 단어를 사용하지 않는다. 대신 '표징'이라는 단어를 사용하여 그 너머의 의미를 찾도록 독자들을 초대한다. 고기를 많이 잡는 데 시선을 두지 말고 고기가 많이 잡힌 것이 무엇을 의미하는지, 그 사건이 무엇을 드러내고자 하는지 살펴보아야 한다.

    우리는 이미 6장에서 오천 명을 먹이신 예수님의 표징적 사건을 보았다. 예수님은 함께한 사람들을 먹이고 그들의 영육을 채우셨다. '나눔의 풍성함'은 예수님의 부활 사건 이후에도 계속된다. 한번 세상을 사랑하기로 마음먹은 하느님은 여전히 우리 일상의 풍요로움을 위해 함께하신다. 다만, 일상에서의 하느님은 쉽게 드러나지만(21,1.14), 단번에 알아보기 힘든 존재다. 예수님이 사랑한 제자가 그분을 가리켜 "주님"(21,7)이라고 말하지 않았다면 베드로와 다른 제자들은 예수님을 호숫가를 지나가는 라삐 정도로 인식하지 않았을까? 베드로가 물속으로 뛰어든 것은 제 부족한 믿음과 그로 인한 부끄러움을 상징적으로 드러낸다. 부활한 예수님을 알아보는 건, 요한복음이 줄곧 강조해온 믿음의 사람이 갖는 특권이다. 요한복음은 동시대의 그리스도인들에게 보지도 만지지도 못하는 예수님을 기억하고 그분의 흔적을 더듬는 유일한 방법으로 '믿음'을 제시한다. 믿음은 무턱대고 받아들이는 소극적 도박이 아니다.

베드로는 낯선 남자의 제안을 따랐다. 밤새 고기를 잡지 못한 어부가 다른 데 그물을 쳐보라는 낯선 이의 말을 순순히 따른다는 건, 제 인식과 경험을 넘어서는 해방과 자유를 이뤄내는 용기 있는 일이다. 믿음은 제 삶의 완전함을 위해 수련과 완덕의 삶을 추구하는 게 아니다. 수련과 완덕은 어찌 보면 제 삶과 그 가치에 더욱 몰입하게 하며 경우에 따라서는 타인과 주변에 무감각해지게 할 위험도 있다. 요한복음의 믿음은 자기로부터 해방되어 일상 속 하느님을 발견하는 데 있다. 함께 먹고 마시는 식구라도 서로를 알지 못해 반목하는 경험은 숱하지 않나.

대개 사람은 보이고 들리는 것을 보고 듣는 게 아니라, 보고 싶고 듣고 싶은 것을 보고 듣는다. 역사적 존재로서 예수님이 사라진 1세기 말엽의 그리스도인들에게 가장 시급한 것은 기존 삶의 안온함이 아니라, 제 삶에서 해방되어 새롭게 태어나 열린 마음으로 예수님의 가르침을 받아들이는 것이었다. 아침을 먹는 일상은 계속 반복되는 만큼 지루할 수 있으나, 부활한 예수님과 함께하는 아침은 '주님'을 깨달은 기쁨과 풍성함의 시간이 된다. 반복된 일상에 묻혀 살더라도 자신에게서 진정 해방되어 예수님과 함께 사는지, 아니면 그 일상에 사로잡혀 끌려다니며 예수님을 철저히 소외시키는지 요한복음의 저자는 다시 한번 독자들에게 질문한다. 이 질문을 고쳐보면 이렇다. "나는 예수님을 사랑하는가, 아니면 내 일과 내 삶을 사랑하는가?" 일상의 수많은 사건과 상황을 진지하게 성찰하여 우리 삶의 자리가 예수님을 증언하는 자리가 되도록 해야 한다는 것이, 요한복음이 마지막으로 당부하는 이야기다.

아침 식사 후 본격적으로 사랑 이야기가 진행된다. 세 번에 걸쳐 예수님이 베드로에게 묻는 사랑은 세 번에 걸쳐 예수님을 배반한 베드로의 모난 부분을 상쇄한다. '사랑'이라는 말마디를 두고 아가페적이니 인간적이니, 또 아니면 플라토닉 러브니 육체적 사랑이니 하면서 '사랑'의 여러 의미를 끄집어내어, 예수님이 요구하신 사랑이 다른 사랑과 비교 우위에 있음을 굳이 강조하는 버릇이 우리 신앙인들 사이에 횡행한다. '사랑'은 그저 '사랑'이다. 인간을 사랑하는 게 하느님을 사랑하는 것이고 정신적 사랑일지라도 사랑하는 사람끼리 손이라도 잡고 싶은 게 사랑이다. 흔히 신적 사랑을 가리키는 '아가페(ἀγάπη)'는 인간적 사랑에도 사용된다는 사실을 기억해도 좋으리라(루카 16,13; 로마 13,10 참조).

베드로에게 자신의 양을 맡기시는 예수님의 모습을 그려보자. 그분이 바라는 건, 오로지 당신에 대한 사랑이다. 그리스도교 공동체는 본디 예수님에 대한 사랑 고백으로 시작하고 마쳐야 한다. 친교라고 해도 좋고, 연대라고 해도 좋다. 양들을 위임받은 베드로 역시 예수님에 대한 사랑 고백 위에 이른바 '목자'가 될 수 있다. 목자와 양의 관계는 예수님에 대한 사랑의 기반 위에 서로 형제가 되는 데 있다. 세상은 신과 인간을, 인간과 인간을 상하 관계의 틀로 대하고 규정하지만, 그리스도교 공동체는 신도 벗으로, 인간과 인간도 형제적 사랑으로 이해하고 받아들인다(요한 15,14 참조).

예수님을 향한 사랑을 고백한 그리스도교 공동체는 박해를 비껴갈 수 없다. 베드로에게 양을 치는 건 순교의 길을 걷는 것과 같다(21,18 참조). 1세기 말엽의 그리스도교 공동체가 겪은 현실적 박해는 어떤 의미로 참된 그리스도인을 드러내는 표징과 같다. 예수님을 따르는 것이 그리스도인이 가야 할 길이고, 주님은 그 길로 신앙인을 늘 초대하고 있으며(21,19 참조), 그 초대는 결국 십자가를 함께 짊어지는 것이기 때문이다. 그리스도인은 박해를 고통으로 여기는 게 아니라, 오히려 영광으로 여길 줄 아는 사람이다(1베드 3,14 참조). 사랑하는, 너무나 사랑하는 예수님이 걸어간 길을 애써 찾는 이가 그리스도인이어야 한다.

사랑의 길은 굳이 사랑하는 이가 함께 있지 않아도 홀로 걸을 수 있는 용기 있는 길이다. 이미 삶으로, 마음으로, 생각으로 사랑하는 이와 하나 되었으니 사랑의 길은 혼자 있어도 늘 함께 걷는 길이 된다. 많은 신앙인이 누군가와 자신을 '비교'하는 경향이 있는데, 비교는 대부분 자기 비하로 연결된다. '저 사람처럼 신앙심이 깊으면 좋을 텐데', '매번 기도해도 신앙심이 커지기는커녕 무미건조한 마음만 스산히 남아.' 이렇게 자책하는 신앙인을 많이 본다. 예수님이 베드로에게 하신 말씀을 다시금 되짚어보자. "그것이 너와 무슨 상관이 있느냐? 너는 나를 따라라"(21,22). 예수님을 추종하는 것은 비교 우위의 자리를 차지하겠다는 호기를 부리는 것이 아니라, 자신과 예수님의 고유하고 직접적인 관계에 대한 사유를 기본으로 하겠다는 것이다. 신앙심이 더 깊어지거나, 신앙의 모범에 맞갖게 살고자 하는 태도는 실은 각자도생하겠다는 제 욕심이지 하느님께 나아가겠다는 신앙이 아니다. 이미 오신 하느님을 사랑하는 방법은 또다시 자기로부터 해방인 것이다. 요한복음은 그 해방의 기록을 담고 있다. 숱한 이야기를 통해 기존의 앎과 사고방식에서 탈피하여 버젓이 일상에 함께하시는 하느님을 사랑하고 이웃을 사랑하는 이야기의 증언이자 기록이 요한복음이다.

 빛이 어둠에 왔으나 어둠이 빛을 받아들이지 않는 건, 오로지 인간의 완고함 때문이다. 신앙을 언급하기 전에, 예수님을 언급하기 전에, 제 삶이 열려 있는지 닫혀 있는지 먼저 묻는 게 요한복음을 읽는 이가 일관되게 가져야 할 자세이다. 태초부터 말씀은 계셨고, 종말까지 말씀은 계실 테다. 일관되게 인간 세상에 사랑으로 다가서시는 하느님께 인간이 할 수 있는 건, 듣고 듣고 또 듣는 일뿐이다. 들을 귀도 없으면서 늘 들었다고 되뇌는 우리의 완고함이 예수님을 가로막고, 체포하고, 죽이고, 묻어버린다. 예수님을 살리는 길은, 또다시 사랑이다. 사랑하면 열리고 사랑하면 듣는다. 그게 전부다. 사랑하자, 사랑하자, 그럼에도 어찌 되었건 또다시 사랑하자.

요한복음서 천천히 읽기

서울대교구 인가: 2019년 7월 2일
초판 1쇄 펴낸날: 2019년 10월 18일
3쇄 펴낸날: 2023년 12월 15일
지은이: 박병규
펴낸이: 나현오
펴낸곳: 성서와함께
06910 서울특별시 동작구 흑석로13길 7
Tel: (02) 822-0125~7/ Fax: (02) 822-0128
http://www.withbible.com
e-mail: order@withbible.com
등록번호 14-44(1987년 11월 25일)

ⓒ 2019 박병규
성경 ⓒ 한국천주교중앙협의회

ISBN 978-89-7635-349-8 93230

*이 책에 실린 내용은 펴낸이의 허가 없이 전재 및 복제할 수 없습니다.